乌家培报告集

社会科学文献出版社
SOCIAL SCIENCES ACADEMIC PRESS (CHINA)

作者近照

作者简介

乌家培，1932年出生，浙江宁波人，经济学家，中国数量经济学和中国信息经济学的开拓者和倡导者。1955年毕业于东北财经大学统计系。1955~1982年在中国科学院（后为中国社会科学院）经济研究所任实习研究员、助理研究员、副研究员、研究员，曾为数量经济研究室主任。其中，1980~1982年为美国宾夕法尼亚大学访问学者。1992~1993年期间，应邀赴日本大阪大学社会经济研究所任客座教授。1985~2002年任国务院学位委员会第二、三、四届经济学、应用经济学学科评议组成员。国家自然科学基金委员会管理科学部第一、二届专家咨询委员会委员。长期从事经济数量关系及其变化规律研究，率先推动全国经济预测和宏观调控研究；致力于信息的经济研究、信息经济的研究、信息与经济间关系的研究，最早提出正确处理信息化与工业化的关系，以及发展电子商务、电子政务的重要性。出版《经济数学方法研究》《经济信息与信息经济》《信息社会与网络经济》等十多部专著，主编、编著、翻译其他十多部著作。前三项成果先后于1984年、1992年、2003年获"孙冶方经济学奖"、国家计委科技进步奖、第六届国家图书奖等。在前述两门学科研究的基础上，倡导从研究方式、方法和组织方面对经济研究进行革新，还倡导在经济科学与自然科学之间建立联盟关系。1979年创建中国数量经济学会，1983年筹建中国社会科学院数量经济与技术经济研究所,并创办《数量经济技术经济研究》杂志,1984年、1986年在中国社会科学院建立全国第一个数量经济学专业硕士点、博士点,培养了一大批人才,被日本学者矢吹晋称为"中国从事数量经济学研究第一人"(《日中经济协会会报》1985年第7期)。1989年创建中国信息经济学会。曾任国家信息中心总经济师、副主任,兼任信息经济与技术研究所(原名"信息科学与应用研究所")所长,曾为国家信息化办公室专家委员会委员。1990年至今先后任中国信息协会副会长、特约副会长。自2001年起,应邀至华侨大学任特聘教授,任经济与金融学院、工商管理学院名誉院长,为数量经济学、企业管理两个专业的博士研究生上课、开讲座,指导论文写作。不久后又应邀至江西财经大学任信息管理学院名誉院长,在此前后,还曾任中国社会科学院第二、三届学位委员会委员、清华大学现代管理研究中心学术委员会委员、吉林大学数量经济研究中心学术委员会主任,以及清华大学、中国人民大学、南京大学、复旦大学、中国科技大学、同济大学、中山大学、西安交通大学等40多所高等院校不同期限或长期的兼职教授、特邀教授、客座教授、顾问教授、名誉教授等。

序

从 2001 年起，我应华侨大学时任校长吴承业教授之邀请，为该校特聘教授，并任该校经济管理学院名誉院长，同时指导与培养数量经济学博士生。2004 年经济管理学院一分为三，我仍任其中的经济与金融学院、工商管理学院两个学院的名誉院长，除了在前一个学院带数量经济学专业的博士生外，还在后一个学院带企业管理专业的博士生。迄今为止，我先后培养出上述两个专业的博士生已超过 10 名。

从 2003 年起，我除了继续给博士生授课外，还给包括硕士生在内的全部研究生作专题报告，报告题目根据学生需要和资料可能由我自己选定。2005 年，在我左眼因视网膜脱落修复后一直只有光感的同时，右眼又因用眼过度而出了问题，这次是视网膜脉络膜上长了新生血管膜，经医生医治后病情保持稳定，没有致盲，但视力已无法恢复，再也不能看书了。不得已，我就没再讲课了，但报告照作，减少到每学期在两个学院各作一次。

我作报告，都采用演示稿（Power Point），我写演示稿，有一个习惯，不是写成提纲，而是写成言简意赅的成文稿，每个点就是意思相对完整的一个段落，各点之间有一定的逻辑关系，因此去掉点号，保留每个部分的标题，就是一篇比较完整和连贯的文章。

本报告集由我在 2003~2014 年 12 年的时间内为华侨大学上述两个学院的研究生所作的 39 个专题报告的演示稿辑录而成。为节省篇幅和便于阅读，我把演示稿改版编排成文稿，并把其中一个报告的演示稿原样选登于附录中，以反映其他演示稿的类似面貌。在这些报告中，有些报告如《数据管理、信息管理、知识管理以及三者关系》《大数据与商务模式》《我国数量经济学发展的昨天、今天和明天》《从经济人到社会人》等还分别在国家信息中心、江西财经大学、重庆工商大学、中国信息经济学会作过报告。有些报告如《管理转型与转型管理》《企业核心竞争力研究与管理》《三网融合的历史与现实》等，由于为一些期刊编辑所看中，经修改后曾在《学术月刊》《技术经济与管理研究》《中国信息界》等杂志上发表过。

我在华侨大学作报告，每次用 2~3 小时，因为报告后还有提问、回答以及讨论。从与同学的互动中我也受到较多的启示。例如，有一次讨论企业竞争力时，有位已毕业的同学，谈起他自己开酒家创业的经历，举了一个同业竞争与合作中友情可贵的实例，引起全场关注。

以往作报告前我总要印发若干参考资料给研究生，以供他们中感兴趣的研究生进一步学习和研究之用。由于当时没有想到现在要出书，所以这些参考资料没有保存下来，无法在每篇报告后加以注明。但我对当时写演示稿所用参考资料的提供者，仍要表示由衷的感谢。至于报告的内容中如有错误，该由我个人负责。

为了让读者了解每次报告的历史背景，在报告稿后我都加注了写作年月。我根据报告时间的先后，排列了一个目录，以反映整个报告活动的全貌。同时，我还根据报告的不同内容排列了另一个目录，在这个目录中，前 18 篇报告稿与宏观经济及其管理、数量经济学有关，后 21 篇报告稿则与微观经济及其管理、信息经济学有关，这样便于读者根据个人需要查阅相关的报告稿。该目录我把它放在附录内。

最后，我要特别感谢我的夫人傅德惠女士，由于我于2005年成了一个准盲人，阅读书籍、报刊则是"视而不见"，因此需要借助她的眼睛，帮我念资料，改正已写成的演示稿，给我抄写和校对，完了还把稿子录音，让我反复听，以加强记忆去盲讲，每一道"工序"都有她付出的辛勤劳动。应当说，本报告集之所以能出版，是我们两个人完美合作的结果。

2014年3月16日
于华园

目 录
CONTENTS

1. 信息产业与信息经济 …………………………………………… 1
2. 信息内容开发与信息内容产业发展的法治与规制问题 ……… 5
3. 数据管理、信息管理、知识管理以及三者关系 ……………… 14
4. 经济学、管理学和金融学的关系 ……………………………… 25
5. 论信息化活动的管理 …………………………………………… 28
6. 管理转型与转型管理 …………………………………………… 36
7. 自主创新的研究与管理 ………………………………………… 42
8. 自主品牌的研究与管理 ………………………………………… 46
9. 企业核心竞争力研究与管理 …………………………………… 51
10. 企业战略的研究与管理 ………………………………………… 56
11. 我国数量经济学发展的昨天、今天和明天 …………………… 65
12. 企业的社会责任研究 …………………………………………… 75
13. 企业的社会资本及其重要性 …………………………………… 79
14. 用知识管理提升企业竞争力 …………………………………… 83
15. 管理研究中的案例研究方法 …………………………………… 92
16. 改革开放的回顾与见证 ………………………………………… 96
17. 关于企业家创新的思考 ………………………………………… 102

18	我国经济预测发展的回顾与见证	106
19	企业文化与企业管理	114
20	全球金融危机对我国数量经济学发展的启示	118
21	物流与物流管理	124
22	关于宏观调控的思考	129
23	加快转变经济发展方式之我见	135
24	三网融合的历史与现实	141
25	物联网产业及其发展	147
26	关于中国模式的思考	152
27	从经济人到社会人	158
28	企业家领导力及其重要性	162
29	美债危机说明什么	167
30	关于人民币国际化问题	171
31	关于企业理论之探讨	176
32	中等收入陷阱探秘	181
33	云计算与企业管理	186
34	大数据与商务模式	191
35	走新型城镇化之路	196
36	关于新型工业化之思考	201
37	怎样看营销的重要性与科技化	206
38	上海自由贸易区及其对金融改革开放的影响	211
39	关于企业利润源的讨论	217

附录一：按内容排序目录 ················· 222
附录二：演示稿原样之一选登 ·············· 224
主要著、译目录 ······················· 243

1 信息产业与信息经济

一 信息产业的出现与界定

（一）信息产业出现的原因

从供给方面来看，是信息技术和信息资源产业化的结果。从需求方面来看，是社会进步、经济发展、人民生活水平和质量提高，对信息及其技术引发大量需求激增的结果。

（二）信息产业的一般性与特殊性

一般性：介于微观经济细胞和宏观经济总体之间具有信息属性的中观产业经济活动的集合。

特殊性：各国学者的不同认识：

（1）头脑产业；

（2）液态混合体——第四产业；

（3）产业的产业；

（4）有高技术性、风险性等特点的产业；

（5）强渗透性与高认知性相结合的有知识优势的产业。

（三）信息产业的界定

传统信息产业与现代信息产业的区分和融合；信息技术产品和

装备业、信息内容提供和服务业的总和；我国的电信产业和电子信息产业；集成电路产业和软件产业是信息产业的基础和核心。

二　信息产业在国民经济中的地位和作用

（一）信息产业的地位

影响经济发展全局、反映产业升级方向，有"发动机""助推器""倍增剂""黏合胶"之称。以我国信息产业为例，至 20 世纪末已成为"第一支柱产业"：

（1）增长速度最快；（2）销售总额最大；

（3）盈利状况最好；（4）出口总值最高；

（5）对经济贡献最多。

（二）信息产业的作用

1. 有利于加快经济发展和转变增长方式；
2. 有利于传统产业改造升级和优化经济结构；
3. 有利于实现可持续发展；
4. 有利于基本实现工业化、大力推进信息化、加快建设现代化；
5. 有利于完成中华民族复兴的伟大使命。

三　信息产业发展的趋势与规律

（一）信息产业的发展趋势

1. 产品生产大规模化、超大规模化；
2. 产业技术数字化、网络化、智能化；
3. 企业集团化、跨国公司化同小型化、微型化并存；
4. 产业界限模糊化；

5. 竞争领域集中化；
6. 产业分工全球化、梯级化；
7. 对信息产业的领导日趋高层化。

(二) 信息产业的发展模式

主要有：美国模式，日本模式，韩国模式，印度模式，爱尔兰、以色列和台湾地区等其他模式。

(三) 信息产业的发展规律

1. 收益递增机制及其形成原因。
2. 多种经济性效应机制：
(1) 规模经济；(2) 范围经济；(3) 差异经济；
(4) 成长经济；(5) 时效经济。
3. 空间集聚效应机制。
4. 经营性垄断机制。

(四) 发展信息产业的措施

这可概括为"十抓"：
1. 抓应用，促发展；2. 抓研发，上档次；
3. 抓创新，有"灵魂"；4. 抓协调，易整合；
5. 抓标准，求统一；6. 抓法规，好治理；
7. 抓组织，夯基础；8. 抓融资，保循环；
9. 抓外资，通全球；10. 抓人才，是关键。

四 信息经济的含义与特点

(一) 信息部门经济及其特点

狭义的信息经济即信息产业经济，它有五性：

1. 综合性。

（1）制造业与服务业相混合；（2）物质产品与精神产品相融合；（3）物质文明与精神文明相结合。

2. 集约性。

3. 高技术性。

4. 高增值性。

5. 可持续性。

（二）信息社会经济及其特点

广义的信息经济即信息社会的经济形态。

它有"五型"和"五化"的特点：

"五型"为：（1）知识型；（2）创新型；（3）融合型；（4）互联型；（5）紧迫型。

"五化"为：（1）全球化；（2）数字化；（3）虚拟化；（4）分子化；（5）中空化。

（三）信息经济及其多种称谓之间的关系

1. 认识角度不同：

数字经济，从 ICT 二进制数字特征的角度；

网络经济，从 IR 和 IT 具有网络特征、网络效应的角度；

知识经济，从知识在经济发展中起重要作用的角度；

新经济，从信息经济有别于传统经济的新特点的角度。

2. 信息经济与知识经济的比较：

（1）基本点相同：从根本上、源泉上、方向上看。

（2）不同点在于：科技背景的局部与全部；知识内容的侧重点；产业构成的层次性。

（2003 年 11 月，本报告原名为《信息产业、信息经济、信息管理》，因部分内容与另一个报告有重复，故作了较大的删节。）

2
信息内容开发与信息内容产业
发展的法治与规制问题

一 信息内容开发与信息内容产业发展
需要良好的法规环境

一般所说的信息内容,既包括有载体的信息产品,其生产与消费的过程是分离的,又包括无载体的信息服务,其生产与消费的过程则是同一的。把信息内容商品化、市场化、产业化,就有了信息内容企业和信息内容产业,后者是前者的集合,它们是营利性组织。当信息内容构成公共品,生产或提供它的单位就成了信息内容事业,而这是具有公益性的非营利组织。这里讨论信息内容开发,也讨论信息内容产业,但不讨论信息内容事业。

信息内容及其产业,有传统的和现代的之分。所谓传统的信息内容,是指尚未数字化的,在网下脱线进行开发、传递和利用的信息产品或服务。所谓现代的信息内容,则指数字化的在线联网的信息产品或服务,其中,一部分是由传统信息内容通过数字化生成的,另一部分直接产生于互联网的平台上,这两部分信息内容的发送和接收处于一种互动的状态。这样的信息内容企业或产业,通常还包括支持信息内容生产和营销的现代信息技术及其服务。

尽管信息内容产业在各国有不同的叫法，如在欧盟称为"数字内容产业"，在澳大利亚称为"创意性内容产业"（Creative Content Industry），在加拿大称为"电子内容产业"，等等，但在主要发达国家从工业社会向信息社会转型的信息化过程中，这些国家的政府都在信息技术产业长足发展之后，把信息内容产业列为新的经济增长点和提高国家竞争力的关键产业，并纷纷制订和实施发展信息内容产业相应的战略、规划、计划。以欧盟为例，他们力图在近期围绕开拓有活力的数字内容市场、生产与多种语言和多元文化的环境相适应的数字内容产品、提高公共部门信息的访问率并扩大该信息的使用范围等三个主线来发展信息内容产业。据某一国际著名研究机构预测，在2006年前后，随着宽带接入的普及，世界信息内容市场将进入高速发展阶段，其年增长率可达到30%以上。

信息内容产业是一群高技术、高智力、高增长、高附加值产业，它的种类繁多、应用广泛、综合规模大、价值链特别长。信息内容产业同生产文化产品和提供文化服务的从事文化艺术、文化出版、文化旅游、广播影视等经营活动的文化产业关系密切，既有交叉，又有重叠。按照世界著名的北美产业分类体系（NAICS），整个经济被分成20个大类（每类以两位数的编号来表示），其中一个大类就是编号为51的信息与文化产业，它从事信息与文化产品的生产与销售活动，并提供传递这些产品的手段和用这些产品进行装备的途径。在该分类中，信息内容产业又被称为多媒体交互式数字内容（MIDC）产业。该产业的产出与文化产业的产出相互渗透和互换。由于产出的内容越来越多地同各种媒介（如话音、数值、文字、图像、动态影视等）相结合，这些媒介进一步衍生出不同的内容，使严格区分各种产出的行业归属因存在混业经营而更加困难了。

社会对信息内容的需求具有多样化、个性化和高知识性、常易变性等特点，而信息内容的供给依赖于长时期艰苦的创造性脑力劳动，但其质量在使用前不易鉴别和确定，且供需双方之间由于信息极不对称需有更多的信用保障，以免影响正常的销售活动。信息内容多半是无形的,它的价值并不显露在外表上,而是蕴涵于数据、信息、知识、智力的本身以及它们的种种应用内,通过应用才能反映出信息内容的创意、创造、创新所发挥的威力。信息内容不仅体现经济基础与上层建筑(包括意识形态)的方方面面,而且还体现自然、生态、环境、资源的各种变化。另一方面,信息内容也可能泥沙俱下、良莠不齐,出现种种不良信息和有害信息,甚至是黄色的、政治上反动的信息,这就需要不断加以净化和清理。信息内容产业的发展涉及并关系到社会、经济、文化、科技,以及教育、卫生、体育、娱乐的发展和人民生活水平的提高。

信息内容的生产、销售和使用,以及它们的流转,自古以来就要受政府的治理。随着数字技术和网络技术等现代信息通信技术的迅猛发展,信息内容的流通数量和流通种类激增,而且达到了实时流通、跨国流通的地步。在这种情况下,为了使信息流动趋向于规范有序和造福于人类社会,而不至于变成公害,更需要各国政府以及国际组织为信息顺畅流通创造良好的法规环境。与此紧密联系在一起的,还有信息内容产业的快速、健康和有效的发展,同样需要有法可依、有规可循的客观环境。创建上述这样的环境,已经变成十分复杂和相当艰巨的任务,它要求人们认真面对、深入研究、切实解决和出色地去完成。

二 完整的法治体系需要逐步建立

规范信息内容开发和信息内容产业发展的法治,应有一个相对完整的体系,它的建立并不是一蹴而就的,需要长期坚持努力。在这个体系中,包括世界、国家、地区、行业、企业五个不同层面的法律、法规以及与之配套的政策,每个层面都有立法、司法和执行的诸多问题。这里只能选择知识产权、隐私、数据的保护等若干重要问题进行一般性阐述。

知识产权保护问题在自然经济转向商品经济时期就已出现,到了工业时代,专利法、商标法、版权法或著作权法可以说已相当完备了。由于我国错过了工业革命的机遇,这些有利于自主创新、发明创造和产业发展的法律制度,足足耽误了近两百年时间,至20世纪初才陆续从西方国家引入、移植到我国,还因社会、经济各方面条件不配套,这些法律制度的实效并不显著。信息革命使人类智力成果及其表现和传播方式发生了质的变化,网络环境下知识产权保护成了全新的问题,这也为我国迎头赶上西方发达国家,抓住知识产权法律制度这个"社会关系调节器",促进信息内容开发和信息内容产业发展,创造了有利条件。

为了不断地提高我国知识产权的创造、管理、实施和保护能力,完善现代知识产权制度,以促进经济社会发展目标赖以实现的总体谋划,我国正在实施知识产权战略。就这一战略的实施问题,国家知识产权局已提出我国到2010年的8项目标:①建立比较完善的中国特色知识产权法律法规和政策体系;②建立比较完整的知识产权保护工作体系;③大幅提升我国自主知识产权的产出和应用能力;④大幅提高专利审查能力;⑤明显提高专利审批对国家经济社会发展的贡献率;⑥基本建成专利信息服务的现代技术和数据支撑体系;⑦培养一批知识产权高级人才;⑧明显提高我国对世界知识产权事务的影响能力。①

从理论上讲,知识产权保护实质上是知识成果生产者因创造性劳动而获利的权益同知识成果使用者在社会上扩大覆盖范围的公益间保持平衡的问题。以著作权法(即版权法)为例,它有两个目的:一是要使文化艺术、科学著作、软件开发、集成电路设计等的创作者(包括个人和组织),从他们的创作中获得足够的利益,以激励知识成果的供给;二是要使这些创作为更多的人士和单位所接受、使用,通过共享增大社会效益,以刺激知识成果的需求。上述两个目的存在对偶关系:从根本上说它们是一致的,

---

① 参见《光明日报》2004年1月14日。

都是为了扩大知识成果的供求；但对不同主体而言，在一定时间段内，却又是矛盾的，需要加以协调使之平衡。因此，在版权法中有关于"合理使用"及其范围的规定，即对版权作品允许公众"为个人目的非营利性使用"而不需要权利人的授权，也不必向权利人支付费用。

知识产权具有专有性、地域性、时间性等特点。专有性指权利人有权排斥他人未经其许可而行使其拥有的知识产权。地域性指权利人除申请加入知识产权国际公约外，当他移民外国时，就会失去原所在国对其知识产权的保护。时间性指知识产权过了保护期就会失效而使原知识成果变成社会公共财富。按照我国版权法规定，版权的保护期为版权人有生之年加死后50年。由于知识更新在加快，知识产权保护期有缩短的趋势。

科技进步给知识产权立法带来巨大压力。尽管信息内容是因时而变的，但是信息媒介变化更大更快，印刷型信息向数字化信息转换后，信息内容的复制越来越容易、方便、快捷和廉价。在这种情况下，防止侵权也就越来越困难了。与此同时，保护知识产权的技术手段却增多了。再以版权法为例，由于互联网的发展，版权法保护的对象涌现出许多新客体，如何保护知识产权也遇到了许多新问题。在网络环境下，知识产权的地域性和时间性特点、复制行为和合理使用范围的解释，都发生了变化，有关网络传播这一信息传播新方式对版权法的影响，也引起了认识分歧。因此，网络上版权作品的知识产权保护成了一个更加复杂的难题。事实上，网络给人们带来的版权纷争越来越多。

除平衡信息或知识生产者与使用者利益关系的以版权法为代表的知识产权法外，有关政府信息、个人信息流动的另外两类法律也值得重视，它们是：

第一，平衡政府机密与公众利益间关系的政府信息保密法和政府信息公开法。保守政府机密是公务员和公民的天职。涉及国家安全的政府信息，如国防、国际国内情报、内政和外交中不能泄露的重大决策等信息,是不能公开的。但另一方面,公众有权了解政府是如何运作的,在一定程度上参与政府决策并对政府进行监督,因此他们需要分享政府可以公开的信息,而向公众提供必要的信息也是政府的一项义务。为解决上述这对矛盾,政府信息的保密法和公开法就应运而生了。从各国实践看,保密法产生在前,如英国在1911年就有了"官方机密法"(Official Secret Act),而公开法出现在后,如一贯崇尚自由、民主的美国经过长达11年的努力才在1966年实施"信息自由法"(Freedom of Information Act)。像法国、意大利、加拿大、澳大利亚等发达国家多数到20世纪80年代末方颁布名称不一的信息公开法,英国则是在1989年修订的"官方机密法"中增添了政府信息公开方面的条文,并出台了地方政府的信息公开法。随着人民民主进程的加快,公众获取政府信息的数量、种类、频率都在增加,获取的方式变得更简单、方便、快捷了。目前我国《政府信息公开条例》正在起草中,《政务信息公开法》也已纳入十届全国人大常委会五年立法规划之中[①]。政府信息在保密的同时逐步扩大公开程度,乃是时代进步的潮流。

  第二,平衡信息自由流动与个人信息隐私间关系的数据保护法或隐私权保护法。在传媒充分发达的现代,信息流动的自由度越来越大,跨国信息流频繁发生,这有利于促进更大范围的信息共享和世界信息贸易的空前发展。但是另一方面,为了尊重个人自由和保护个人隐私,有关个人信息的获取、处理和利用,必须受到一定的限制。一般来说,个人信息有三种:①涉及个人隐私而不应流动的信息;②有秘密性,在流动中应受一定限制的信息;③其他可以公开和自由流动的信息。但对隐私和秘密的准确界定并不容易,往往会引起争议。因此,有的国家如英国在1984年制定了数据保护法(Data Protection Act),来解决个人信息的正确使用问题。该法确定了数据保护的一系列基本原则。例如,信息获取与处理必须公正和

---

① 参见《计算机世界》的《产业内参》2004年6月14日。

合法；信息只能为专业的和合法的目的而拥有；信息的使用和发布应同其拥有的目的相一致；信息必须是充分的、确切的、准确的、及时的和不过度的；个人有权被告知数据使用者是否拥有关于他的信息，如果有的话，他就有权获取该信息并更改或删除其中不正确的数据；必须保障适当的安全[①]。

此外，还有一些问题，如对所提供信息内容应负的法律责任、信息标准立法等，也需要通过法律途径来解决。

三 不同的规制方式需要不断完善

信息内容开发与信息内容产业发展，既要依靠法治，又要依靠德治。法治是德治的前提，德治是法治的基础。要提高公众、企业、行业性中介组织（如商会、协会、总会、联合会等）对知识产权、政府机密、个人隐私等方面的认识，增强他们尊重知识产权、保守政府机密、维护个人隐私权的自觉性，发挥他们按道义要求在行为上高度自律的作用，同时强化社会舆论的教育引导和批评监督。对这种配合法律强制性的道德自律约束所产生的力量，是不容忽视的，因为它长期地、潜移默化地在起作用。

介于法治与德治之间，为规范信息内容开发与使用的行为，促进内容产业的繁荣发展，在依靠市场竞争力量优胜劣汰的同时，由于市场发育、行业协会发展和企业信誉机制的形成均有个过程，所以还需要政府行业管理部门依据市场原则进行必要的规制。这种规制应以社会利益最大化为目的，以管理部门通过调查研究掌握充分信息和与时俱进地改善管理方式为条件。

一般认为规制这种政府对市场进行干预的行为只适用于自然垄断行业。其实，凡产品或服务具有公共性和外部性不能完全依靠市

---

① 参见 Nick Moore & Jane Steele, *Information Intensive Britain—A Critical Analysis of the Policy Issues*.

场机制自发调节的行业，也需要政府的规制，当然，在规制中应防止寻租和腐败。

规制的内容通常包括市场准入规制、价格规制、标准规制、质量规制等。事前规制要和事后规制相结合。是否实施某种规制应视不同业务的性质而定。如竞争性的信息增值业务就无须市场准入规制，而垄断性的基础数据库建设和运营业务，则需要实行许可制，有市场准入规制。为保证规制的质量和效率，规制部门应具有独立性和权威性。市场调节和政府规制的结合，正是为了既防止市场失灵又克服政府失灵，使不同利益主体（包括消费者）的利益关系趋向于均衡状态。

四 在发展中创建和在创建中发展

信息内容开发不同于信息技术，更少地依赖科学技术，较多地基于社会文化。两者对经济发展起作用的途径也不尽相同，信息技术研发主要通过装备和工具的现代化，而信息内容开发主要通过管理和决策的科学化。与这一情况相类似，信息内容产业发展也不同于信息技术产业发展。信息技术产业主要是第二产业，只有其中的软件和技术服务才是第三产业，而信息内容产业全部属于第三产业。第三产业与第二产业相比有不一样的发展规律。第三产业是为生产和生活服务的，兼有物质生产和精神生产，其发展要建立在第一产业和第二产业发展的基础上。而第二产业是从事物质生产的制造业，没有属于第三产业的精神生产的内容。信息技术产业的产品虽然也可能对社会产生负面影响，但那至多发生在对它们的非正确使用上，然而信息内容产业的产品或服务则很可能直接给社会造成祸害，使人们的思想颓废、道德堕落，甚至危及子孙后代的健康成长。

从上述比较中可以看出，信息内容开发与信息内容产业发展比信息技术研发与信息技术产业发展，更需要有健全的、严格的法律法规和政策环境，以及良好的、完备的道德教育和政府规制环境。

这样的环境绝不是一朝一夕能够营造出来的，没有全社会的长期努力绝不会自动出现。因此，那种先创建环境后发展产业的想法是不现实的。我们只能边发展产业边改善环境，以发展为中心或主线根据实践需要在试错过程中来逐步优化环境。环境变好了，又会进一步促进发展，而新的发展必然会对环境提出更高的要求，使它改得比从前更好。

所以，在产业发展中创建环境，在环境改善中谋求新发展，乃是唯一的正确选择。问题在于怎样使环境与发展的关系处于良性互动中。值得警惕的是，搞不好可能出现一种不良循环，即环境不好影响产业发展，产业发展不起来又导致环境更加恶化。摆脱上述困境的出路是要抓发展带环境。"发展是硬道理"，环境是发展不可或缺的条件。

（2004年4月）

3

数据管理、信息管理、知识管理以及三者关系

信息革命正在改变人类的生产、生活、工作、学习和思维方式。在这一改变过程中，数据、信息、知识的重要性日益凸显。把数据转化为信息，把信息转化为知识，把知识转化为财富，这已经成了各行各业创业者的座右铭。信息技术及其扩散的作用就是通过这些转化所产生作用的增强而增强的。但数据、信息与知识无一不是需要管理的。它们既是管理的基础，又是管理的对象。只有通过有效的管理，它们的作用在信息技术的帮助下才能发挥得更好、更充分。那么，数据管理、信息管理、知识管理三者之间有何联系，有何区别，是怎样逐步发展过来的，不同组织或单位应怎样同时搞好这三项管理？这些问题是我今天要讲的主要内容。

一　数据管理及其重要性

数据是事实的反映。它产生于各项业务活动和管理活动之中。由原始记录开始，经过不同层次的整理加工，形成种种可用的数据。狭义的数据仅指数据资料，如时间数列数据、横截面数据、综合型数据等。广义的数据还包括文字资料，如调查报告、研究文献、书籍、报刊资料等。

3 数据管理、信息管理、知识管理以及三者关系

在计划经济时期，国民经济管理和企业管理常用的数据，主要来源于统计、财务会计、业务核算等三大系统。到了市场经济时期，数据的来源极大地扩展了。国际互联网成了世界上最大的数据平台。

从数据的供求情况看，一方面供应量不断增大，日积月累，越来越多，出现了数据"海洋"；另一方面需求日益多样化、个性化，而且对数据的需求有一个特点，即在数据使用中会诱发对数据的新的需求，促使消费数据的"胃口"越来越大。

面对这种局面，经常会出现要用的数据找不到，而无用的数据一大堆。没有管理或管理失效的数据，越多就越糟糕，它意味着重复、冗余、浪费、质量无保证、变成了"垃圾"，根本达不到数据供给满足数据需求的目的。

数据管理是一切管理的基础。许多单位管理工作搞得好不好，往往同数据管理基础工作是否扎实有关。许多单位实施信息化的成败，除了受业务流程有无重组以及重组效果大小等其他因素的影响外，重要的关键之一也在于数据管理工作的基础一开始有没有打好。比方说，是否制订和执行了数据规划，对本单位内的数据是否进行了规范，数据的定义是否明确，数据元素的标准是怎么确定的，各种数据有无统一标准和统一编码，是怎样减少或消灭重复和冗余数据的，数据结构优化了没有，数据库建设和维护更新搞得好不好，数据使用的协调工作做得怎么样，数据管理同本单位管理目标的一致程度如何，怎样更好地为本单位总的管理目标服务，等等。

在数据管理中，数据的自动化处理是一项不可忽视的重要内容，但电子数据处理（EDP）并不等于数据管理。数据管理的内容要丰富得多。从数据管理的全过程看，它包括五个重要环节：第一是生成数据的数据源，第二是传递数据的数据流，第三是储存数据的数据库，第四是配置数据的数据网络，第五是分析数据的数据应用。数据管理必须开辟数据源、促进数据流、搞好数据库、发展数

据网络、加强数据应用。只有这样，才能最大限度地发挥每一个数据的作用。

仅就目前我国数据库的建设、维护、更新和应用这一项数据管理的状况来说，就不够理想。公用的、公益的、商用的数据库总量都比发达国家少得多，由于更新、维护工作跟不上，"空库""死库"的比例并不低，至于数据库的应用频率和效果虽然有高的和好的，但存在很多不尽人意的情况。

说到底，改进数据管理的根本还在于：端正对数据管理重要性的认识；改进政府在数据管理方面或者扩大一点说在信息资源开发和利用方面的政策；在适度扩大数据管理人员队伍的同时，不断提高数据管理人员的素质和水平。

二　信息管理及其发展

数据同消息、情报、新闻、信号等其他的信息载体一样，只有通过排列、整理、比较、分析、挖掘，才能得到其内含的信息。并不是任何数据对任何人都意味着信息的存在。如果说数据的作用在于提供情况，那么信息的作用则要进一步减少或排除不确定性，以提高决策的科学性。党的十六届三中全会指出，要树立全面、协调、持续、科学的发展观，切实抓好发展这一执政兴国的第一要务。为此，我们必须改善和加强有效的信息保障，把发展过程中的不确定性以及与之相联系的风险降到最低限度。

但信息总是不充分、不完备、非对称、有成本的，要为政府部门、企事业单位等组织提供有效的信息保障，有必要在信息化过程中切实抓好信息管理工作。

信息管理是在数据管理基础上发展起来的，但它的内容远比数据管理丰富得多。现代信息系统的建设极大地推进了信息管理的发展。有效地开发和利用信息资源是信息管理的一个重要目的。

3 数据管理、信息管理、知识管理以及三者关系

信息管理又称信息资源管理。在英国等欧洲国家多用前一个术语，而在美国则多用后一个术语。尽管在学术界个别学者认为这两者有些区别，有的认为信息资源管理只是信息管理的一部分内容，而有的学者却认为信息管理只是信息资源管理的一部分内容。这种分歧同他们对信息和信息资源的狭义或广义的理解有关。广义的信息除社会信息外，还包括自然信息。广义的信息资源除信息内容外，还包括与信息流转过程相联系的人、财、物等其他资源。为简化计，我们在这里只讨论社会信息（包括经济信息）内容本身的管理问题。

从历史上看，信息管理可追溯到古代国家在公共管理中对记录从产生到销毁全过程控制的记录管理。还有历史上延续至今的档案管理、文书管理，以及图书报刊、科技情报、文献和其他文字的或视听影像的出版物的管理，这些都与信息管理有关。但与信息系统、信息网络相联系的现代意义上的数字化信息管理，其历史要短得多，到20世纪七八十年代才出现。

"信息资源管理"一词，最早是在美国联邦文书委员会1977年出版的《信息资源管理》专题报告中提出来的。1980年，美国通过的《文书削减法》对这个新概念正式加以肯定，并授权每个政府部门委派一名相当于部长助理的官员担任首席信息官（CIO），负责本部门的信息资源管理工作。后来美国企业也出现了CIO这一重要职位。当前我国各界正在积极呼吁和酝酿建立企业的CIO制度。

现代信息管理是在传统信息管理的基础上伴随着现代信息技术的发展、现代管理理论和实践的发展而发展起来的。在这一发展过程中，由于反映发展阶段的认识的差异，出现过不同的信息管理学说。例如：

1. 技术集成学说。认为信息管理的发展由先进信息技术的引入、推广、更新和集成来决定，信息管理就是以计算机系统或网络为基础的管理信息系统（MIS）的延伸，偏重于信息技术或信息系

统以及与它们相关联的资源的管理。

2. 信息集成学说。认为信息技术虽然很重要，但只是工具或手段，信息本身（即内容）才起决定性作用，信息管理不能局限于对电子化信息和组织内部信息的管理，而应运用技术的和非技术的方法，对处于从形成到处置整个生命周期中的全部信息（包括组织外部的信息），进行集成的管理，这种管理包括规划、组织、调配、指挥和控制等，并且要把注意力集中到信息资源使用的效益上。

3. 全面综合集成学说。认为信息技术和信息内容在信息管理中要通过融合趋向一体化，不仅电子数据处理技术、管理信息系统技术、办公自动化技术、电信技术、微机及其联网技术等要进一步一体化集成，而且来自不同信息源的一切类型的信息，包括已有信息与新获取的信息、组织内部信息与从外部得到的信息、电子化信息与传统手工处理的非电子化信息、正规的信息与非正规的信息等，也要进行综合集成。

比较上述三种学说，第三种学说更有利于推进信息管理的发展。那种简单地用管理信息系统（即 MIS）取代信息管理系统（IMS）的观点和做法，对发展信息管理是有害的。

应当注意：信息技术部门要重视信息本身，而传统信息部门要应用现代信息技术；对各个业务单位或管理部门的信息工作要进行协调和集成，以便共同为实现组织的战略目标提供服务；还须把信息资源用到战略管理上去。信息管理的目标、战略、规划与组织，须同本组织的目标、战略、规划与组织保持一致，并为之服务。

信息管理并非是单一的专业性职能管理，而是复杂的综合管理，它本身就意味着跨部门的协调和集成，其目的是要解决所在组织的信息问题并以最低成本、最高效率实现该组织的目标。

在信息管理中，有技术、行政、经济、法律、政策等多种手段。其中，法律和政策这两种手段对国家范围的信息资源进行管理尤为重要。信息管理需要立法，包括成文法和案例法。发达国家十分重视信息立法工作。例如，美国从第 95 届国会到第 98 届国会先后共颁布了 92 项有关政府信息系统建设、信息开发利用、信息交流与传播等方面的法律。对信息政策的制订和执行，也应引起高度重视。因为信息政策在规范和调控信息行为方面的作用，既比它据以制订的信息法律起作用来得快，又比体现其原则的信息规章制度产生的影响来得大。各国的主要信息管理部门一般靠信息政策来管理众多的信息活动。

就企业信息管理来说，既要履行国家的信息法律，又要贯彻政府的信息政策，更应综合运用经济的、行政的、技术的手段，规范和调控企业的信息行为，开发和利用企业的信息资源，充分发挥信息在企业决策和发展中的作用。

三 知识管理及其未来

信息升华产生知识，知识激活产生智能或智慧。信息是知识的基础，而知识是信息的核心。不是知识包容信息，而是信息包容知识。知识乃是信息的一个子集。但在 20 世纪末 21 世纪初，在知识经济大讨论中，国内外有一种观点，颠倒了这种关系，错误地认为信息只是知识的一个子集。该观点根据 20 世纪 60 年代关于求知的"4W"理论，把知识分为"是什么"（know what）、"为什么"（know why）、"知道谁"（know who）、"怎么做"（know how）四类，认为前两类编码后可以归类和量度的知识才是信息。按照这种观点，前两类科学知识属于信息的范围，而后两类技术知识不属于信息的范围。实际上，前述后两类只可意会的隐性知识如关系、经验、技巧等，也是以实践中产生的信息（感性认识）为基础的，并非头脑里所固有的。根据英国科学哲学家波普（K. Popper）关于"三个世界"（客观物理世界、人类主观精神世界、客观意义上的概念世界）的理论，知识只存在于后两个世界，而信息则存在于全部三个世界。其中第一世界产生的信息也为知识提供了原材料。知识理论中狭隘的信息观点,在实践中对信息管理向知识管理的发展十分不利,而且由于割断了知识管理与信息管理的联系,对知识管理本身的发展也很不利。

1986年联合国国际劳工大会首次传播了"知识管理"这个术语。1991年《财富》杂志发表了题为《脑力》的第一篇阐述知识管理内容的文章。《知识管理》《知识管理评论》等专业性杂志也纷纷在美国创刊。在美国等发达国家的高科技企业还出现了首席知识官(CKO)的职位。国际商业和金融界把2000年定为"知识管理年"。同年,我国国家自然科学基金委员会管理科学部把"企业知识管理问题研究"列为鼓励资助的研究领域。

知识管理与信息管理既有联系又有区别。其区别表现在:信息管理偏重于信息资源的收集、加工、传递、储存和利用,而知识管理偏重于知识的获取、传播、运营、共享、应用和创新,特别是人才资源的管理,以发挥专业知识的作用和调动知识员工的创造性;信息管理侧重于对编码型显性知识的管理,而知识管理侧重于对意会型隐性知识的管理,重视智力资本和无形的知识资产;信息管理注重于信息技术的配置、运用和集成,促进信息交流和共享,而知识管理注重于组织学习、组织文化,促进知识转化、让渡和共享,把创新放在更突出的位置上。

在知识管理中需着重解决以下各主要问题:

1. 解决知识悖论。知识的创造成本很高,而知识的共享成本很低。为激励知识生产者须保护其知识产权以促进知识供给,但为发挥知识的社会效用又须扩大知识传播,实现知识共享,这是一个悖论。对知识产权保护过度,会造成对知识的垄断;片面强调无条件的知识共享却会导致侵权、盗版等行为,在两难选择中,应寻找合适的均衡点,妥善处理好保护知识产权和促进知识共享的矛盾。

2. 经营知识资产。知识可转化为专利、品牌、商誉等无形资产,它往往比有形资产更有价值,并同其他资产一样需要通过经营来增值。知识还可构成智力资本,它比物质资本或货币资本更有意义，也需要通过运作使其发挥更大的作用。

3. 激励知识员工。知识员工有更高的生产率，美国管理大师德鲁克（P. Drucker）认为，这一点对21世纪的经济发展至关重要。但知识员工具有追求自主、喜爱创新，以及个性化、多样化等特点，需要制订特殊的激励制度和运用特殊的方法。

4. 实现知识共享。知识对拥有者来说没有竞争性，对使用者来说没有排他性，它的作用伴随着交流和共享的程度的提高而提高。一个既定的组织，不仅同组织外部进行知识交流和共享很重要，而且组织内部个体之间、群体之间、个体与群体之间的知识交流和共享也很重要。但这是有条件的，须建立各种交流和共享的平台，改进相互信任关系，完善协调利益的激励机制，培植组织文化，把企事业单位或政府部门变成学习型组织。

5. 促进知识转换。知识可按不同标准进行各种分类。奥地利哲学家波兰尼（M. Polany）按知识能否通过编码进行传递这个标准，把知识分为编码型的显性知识和意会型的隐性知识。知识管理需要促进显性知识与隐性知识的互相转换和自我转换。美国加州大学伯克利分校的日籍学者野中郁次郎（Ikujiro Nonaka）认为，知识转换能促进知识创造。知识从显性到隐性的转换是内部化的吸收性学习；知识从隐性到显性的转换是外部化的显示性展现；知识从显性到显性的转换是载体的变化，但与前两种转换相结合，有可能通过组合、集成而有所创造；知识从隐性到隐性的转换是头脑里的思考，但与最前面的两种转换相结合，有可能使知识通过扩散、共享而增值。

6. 引导知识创新。知识既是成果又是过程。随着知识更新速度的加快，知识从生成到老化的生命周期在缩短。充分发挥现有知识的作用固然重要，不断创造新的知识尤为可贵。引导知识创新是知识管理的重要任务和主要目的。要为知识创新创造良好的环境（如一个组织的"内脑"与"外脑"相结合等环境）与宽松的氛围（如容许说错话、试验失败等氛围）。

当然,知识管理离不开技术,特别是包括数字技术、网络技术、智能技术在内的信息技术,但主要依靠的不是技术而是人,首先是人才。知识管理同其他管理一样不是目的而是手段,它要为管理所基于的组织提高员工(包括领导)的素质和创新能力服务,为组织增强对不断变化的环境的应对能力、保持竞争优势、取得可持续发展服务。

国家信息中心的同志对信息管理是比较熟悉的,而相对来说对知识管理较为陌生。因此我们必须清醒地看到信息管理向知识管理发展的必然趋势,以及当前知识管理发展的强劲势头。目前,国内外有关知识管理的书犹如雨后春笋般出版。虽然在这些书文中,介绍性、综合性的居多数,有的还只是把信息管理中的"信息"二字改换成"知识"二字而已,但论述中确有相当一部分新内容比信息管理更有发展前景。我认为,知识管理首先是一种与新的管理范式相适应的新的管理理念,它将会改变战略管理的内容,还会使传统的职能管理(如财会管理、人事管理、行政管理等)和流程管理(如研发管理、供应管理、业务管理、营销管理等)面目一新。尽管知识管理首先产生于企业,但它同样适用于事业单位和政府部门。把数据管理、信息管理理解为对数据、信息或信息资源的管理,还说得过去,而把知识管理只理解为对知识的管理,那就会误入歧途了。

四 正确认识和处理三种管理的关系

美国哈佛大学教授诺兰(R. L. Nolan)在 1977~1979 年发展了他四五年前提出的著名的诺兰模型(即信息系统发展模型),把数据管理与信息管理作为该模型六个发展阶段中前后相连的最终两个阶段。过了好几年之后,美国的另一位学者马香德(D. A. Marchand)继诺兰模型后提出了信息资源管理功能演变模型,把整个 20 世纪的信息管理划分为四个(在政府)或五个(在企业)发展阶段,

3 数据管理、信息管理、知识管理以及三者关系

知识管理是继信息资源管理之后的最后一个阶段。

上述两个模型表明，信息管理是从数据管理发展过来的，而知识管理又是从信息管理发展过来的，三种管理发展过程的持续时间达半个世纪以上。应当说，这个过程还在发展中，是不会终止的，而且呈加速度态势。管理发展既有连续性又有阶段性，它是从低到高一个个阶段地往前演变推进的。但对数据、信息、知识三种管理发展过程的认识，人们往往存在一种误解，以为它是高级阶段逐一取代低级阶段的过程；以为一个高级阶段到来后，原有的低级阶段就不重要了，甚至不存在了。其实不然，这三种管理是循序渐进地逐步累积发展的。它意味着：

1. 后一个阶段是在前一个阶段的基础上发展起来的；

2. 后一个阶段包含了前一个阶段的全部内容（如数据管理被信息管理所包括）或部分内容（如信息管理被知识管理所包括）；

3. 各个阶段可并行存在，但其相对重要的地位逐一转让给后一个阶段。

为什么许多单位（包括企业）信息管理搞不好？这可能有诸多原因。但是往往数据管理的基础没搞好，在信息管理中遇到信息爆炸、信息过载的情况，并显得知识匮乏、缺乏知识管理的理念，不能不承认这也是一个重要原因。

必须充分认识到：数据管理、信息管理、知识管理的内容既有联系又有区别，它们各有其重要性，并且前行管理阶段总是为后续管理阶段服务，但它们在整个组织管理中各自所占的比重会发生变化，随着前行管理阶段效率的提高和后续管理阶段发展速度的加快，后续管理阶段的相对重要性在提高。这种情况同一、二、三次产业顺序发展的情况相类似，前面产业生产率的提高是后面产业得以发展的基础，没有这个条件，后面产业发展时回过头来还要对前面产业的发展进行"补课"。但话又说回来，在这个比喻中有一点是不同的，即在三次产业顺序发展中后续产业并不包括前行产业的内容。

总之，我们的结论是：要发展知识管理，必须先把数据管理的基础搞扎实，并使信息管理健康、快速、有效的发展。

（2004年5月，除了在华侨大学作报告外，又于同年6月2日在国家信息中心博士后工作站成立暨博士后论坛上作了一次，本文稿用的是后一次报告的整理稿）

4

经济学、管理学和金融学的关系

　　工业革命催生了经济学和管理学，信息革命促进了经济学和管理学的现代化，并使金融学从经济学中独立出来，而同经济学、管理学相并列，形成三足鼎立的局面。

　　经济学包括理论经济学和应用经济学，自20世纪最后20年以来有着特别迅速的新发展，非均衡理论、非线性理论、信息非对称理论、委托代理理论、产业规制理论，以及新增长理论、新制度经济学理论等不断涌现。经济学为我们研究经济行为和经济现象提供了一整套分析方法，也为我们分析各种经济问题扩大了视角，确立了新的参照系。研究经济问题不能就经济论经济，而应联系社会、政治、科技、文化、环境等因素扩大视野，所用的方法也不能单打一，而应综合运用多种方法。各种经济分析方法备受关注，有些方法如分析个人行为的微观经济计量方法、代理人在有限选择中进行选择的"分离选择"方法等，这些方法的发明者赫克曼（J. Heckman）、迈克法登（D. McFadden）还因此而获得2000年诺贝尔经济学奖。"工欲善其事，必先利其器"，经济学研究的任何创新往往是同分析研究方法的突破分不开的。1969～2003年共35届诺贝尔经济学奖的主要研究领域，除一般均衡理论、宏观经济学、微观经济学、交叉科学研究4个领域外，最后一个领域就是经济分析新方法。迄今为止,这一领域奖项的获得者都是从事数量经济学和信息经济学研究的学者。

在管理学方面,随着信息时代的到来,由于管理不再限于完成既定的任务而须不断创新,管理的对象不再只有体力劳动者而更为重要的还有智力劳动者,管理不再是与文化无关的科学且已不囿于一国的范围,管理不再仅为经济发展的结果而给经济发展以巨大推力,这一切使管理理论和方法不断推陈出新,出现了旨在提高智力劳动者生产率的激励理论和分配方法,以及企业文化理论和企业形象管理方法等。

金融学原是经济学的一部分。信息革命造就了新经济,但新经济单有新技术的支撑而无新金融的孵化和扶持,是根本不可能萌芽和成长起来的。如果说科技是经济的第一生产力,那么金融就可以说是经济的第一推动力。1990 年诺贝尔经济学奖首次授予研究资产组合理论和金融市场均衡分析的三位学者,他们是马克维茨(H. Markowitz)、米勒(M. Miller)、夏普(W. Sharpe),这使金融学名声大振。随后 1997 年默顿(R. Merton)和斯科尔斯(M. Scholes)因研究期权价格获得诺贝尔经济学奖,又把金融学研究推进了一步。金融学从第一阶段的公司财务研究和第二阶段的资产定价研究,发展到第三阶段的金融行为研究。行为金融学日益成为金融研究的新时尚。与金融学理论发展相伴随,以设计与实施旨在规避金融风险的金融衍生产品或服务为内容的金融工程及其研究迅速兴起。

经济学、管理学、金融学三者存在着紧密的联系,并在相互促进中共同发展。

对于经济学与管理学的关系,我曾在 2000 年作过专门论述①。经济学跟数学、心理学一样,是管理学的基础之一,并为管理学提供分析方法如费用效益分析法等;而管理学使经济学更有力地转化

---

① 参见乌家培《信息社会与网络经济》,长春出版社,2002,第 296~298 页。

为生产力,对经济学的实用化有着巨大作用。经济学和管理学还相互渗透、交叉与结合,且这种趋势越来越明显化,以至于出现了经济管理学和管理经济学。特别是像企业组织、公司治理、经济预测、管理决策等许多问题的研究,兼有经济学与管理学的内容,属两栖型,难以分清究竟是纯粹的经济学还是纯粹的管理学,有时只是研究的角度和观点不同而已。有一种观点想以所采用的研究方法是文科方法还是理工科方法来区分是经济学还是管理学,这在经济学日益数学化、数量化、公理化、工程化的条件下也是行不通的。这样区分既不容易也无必要。1978年诺贝尔经济学奖得主西蒙(H. A. Simen)就是美国的管理学家也是经济学家,他因"有限理性"和"决策程序"的开创性研究而获得经济学奖,他认为"决策并不像传统微观经济理论假设的那样趋于最优,而恰恰是达到一个满意的结局,比如大家都寻求一个可接受的解决方案"。西蒙的名著《管理行为》(第四版)告诉人们:组织是如何影响人的行为的。

至于经济学与金融学的关系,其联系紧密程度不难从下面的类比中看出:它们不仅有共同的研究方法,如计算机模拟、非线性混沌分析、大样本数据实证检验,以及借鉴心理学原理的"临床诊断"研究方法等,而且还有类似的研究方向,如经济学中有实验经济学和行为经济学,同样在金融学中也有实验金融学和行为金融学。金融学与经济学的融合已产生了金融经济学。

最后,管理学与金融学的关系也越来越密切了。随着管理学日益介入金融研究,已出现了金融管理学、金融工程学。尤其像金融风险及其管理这一领域,目前几乎成了管理学研究大举进军的一块热土。但金融学对管理学发展的影响,一时还看不清楚。

(2005年2月)

5

论信息化活动的管理

一 信息化活动管理的重要性

人类社会的活动，无论是企业活动还是政府活动，以及其他各种有组织的活动，都离不开管理。即使如老子所说的那样"无为而治"，似乎不要管理，其实也是一种特殊的管理理念或管理方式。管理可能是有效的，也可能是无效的，但为了提高活动的效率和降低活动的成本，以及给活动创造机遇，不能没有管理。

信息化活动是人类社会活动的重要组成部分。它出现在工业化过程的中、后期，并以信息技术（IT）或信息通信技术（ICT）的推广应用、信息资源（IR）的开发利用，以及 IT 与 IR 相互结合、共同发挥作用为特征。信息化活动有两种存在方式：单独存在的方式，如包括信息网络在内的信息基础设施的建设；渗透于其他活动或与其他活动相融合的方式，如电子商务、电子政务等。

无论是哪种方式的信息化活动，同人类社会的其他活动一样，也需要管理。而且这种管理同样是基于组织的。因为脱离了组织，就无所谓管理。凡是正规的组织均以合理、合法的权力为基础，这种权力为有效地维系组织和实现组织目标所必不可少。对信息化活动的管理，与其他活动尤其是工业化活动的管理对比，既有相同的共性，又有互异的个性。由于信息化活动变化快、渗透广、综合性强、集成度高，对它的管理就更新颖、更复杂、难度更大、成效也可能更大。

对信息化活动进行管理的重要性一般表现在：

1. 节省信息化方面的投资，提高投资回报率，增大投入产出比；

2. 为信息化活动提高效率、降低成本、扩大收入、改善质量、增进机遇、减小风险；

3. 改进和优化信息化活动及其服务对象的决策，提高决策的智能化水平；

4. 提高信息化活动服务对象的综合实力和竞争能力；

5. 促进信息化活动服务对象的流程重组、管理变革、制度创新、持续发展；

从上述重要性可以看出，对信息化活动的管理既会产生直接效应，又会产生间接效应，且后一种管理的外部性更值得关注。

信息化活动种类很多，对它们的管理除一般性规律外，往往各不相同，例如，对信息化所需人才的管理就有很多特殊性。为简化计，下面只对信息化过程和信息化项目的管理展开论述。

二 信息化过程的管理

信息化是一个过程。例如，从工业社会向信息社会演进的过程，信息技术转移、扩散、渗透和广泛、全面采用的过程，信息资源开发利用程度不断提高的过程，信息产业从无到有、从小变大、从弱转强的过程，信息活动的规模和作用逐步扩大的过程，等等。通过有效的管理，这些过程的进展将会更加顺利、健康、快速，而且更具目的性。

信息化活动的进行是由一定的组织或主体负责的，如国家信息化、政府信息化、企业信息化、社区和家庭信息化，等等，它们的组织或主体就是国家、政府、企业、社区和家庭，等等。国家信息化的管理表现在信息化的战略、规划、政策等的制订和实施。政府和企业的信息化都需要相应的管理和管理者，各国的政府部门和企业单位设置的首席信息官（CIO），即为这样一种负责企业领导责任的主要管理者。同样，社区和家庭的信息化也是有这样或那样的管理的。

这里就以企业信息化为例，来说明它的实现除了应以业务发展和企业管理的实际需求为动力，以信息技术（包括硬件、软件和服务）为支撑，以网络安全、规章制度、法制、政策和标准等环境为条件，以推动创新、增强竞争力以及提升企业素质和优化企业绩效为目的外，还必须对信息化活动本身进行正确、规范、科学、有效的管理。这种管理包括先进的管理理念、合适的管理模式、健全的管理体制、灵活的运作机制、优秀的管理人才，等等。

诚然，企业信息化（包括业务信息化与管理信息化以及两者的统一）对促进企业发展具有潜在的无限可能性，这在信息化从企业的操作和运行层面推进到战略层面时尤为明显。但是，上述可能性能否变成现实，能在多大程度上转化为现实性，主要取决于对信息化的管理及其有效性的大小。就我国企业信息化近几十年的实践而言，成功和失败的案例都有，但比重并不高，普遍的问题是投资过大而效益有限，信息"孤岛"多而共享程度低，"IT陷阱"或信息化"黑洞"令人望而生畏，搞不搞信息化是"找死"还是"等死"的疑虑屡见不鲜。

只强调管理信息化，忽视信息化管理，导致在推进信息化过程中管理缺位、管理滞后、管理低效等问题频频发生，在这种情况下，加强和改进信息化管理已成为企业信息化成败的症结。为缓解和消除这个症结，亟须使信息化管理的各个组件全面更新、充分发挥各个组件间的协同作用。

首先，要转变管理理念。在企业信息化过程中技术问题是重要的，但管理问题更重要。必须纠正只重技术而轻管理的倾向。在管理中，容易看到局部而忽视整体，一定要牢固地树立系统观和协同观。在信息化过程中，企业的内外和企业内部的上下、左右间要协调，近期发展与长远规划也要协调并注重前后衔接。各种信息系统之间，以及信息系统与其他系统之间，应在管理中加强沟通、相互配合，达到协调互动的目的。选择信息技术，不能片面地追求先进而忽视实用性。对信息资源要强调深度开发、综合利用，以整合为重。对信息化的环境不能一味地被动适应，而须积极主动地施加影响，促使其逐步改善。信息化发展要同企业的外部环境、内部的资源和能力相匹配，并为企业的战略和目标服务。管理贯穿于企业信息化的全过程，它的水平应伴随着信息化发展阶段的演进而提高。整个企业管理要有新理念，其中信息化管理也要有新理念，它是决定企业信息化能否取得成效的观念性因素。

其次，要选好管理模式。企业信息化的管理模式因企业在不同时期的不同情况而有所不同。它既与企业信息化的发展阶段有关，又与外部IT厂商是否成熟和介入企业信息化建设的程度有关。一般有三种模式：①完全自主模式；②项目外包模式；③服务外包模式。第一种模式要求企业自身去完成信息化的规划、研发、运行、维护等全部工作，并做好各项工作的管理。这有利于对企业信息化进行集中统一的管理，可保证信息安全，但也会产生投入大、设备和人力的利用率低等缺点。当外包市场还不发达时，实力雄厚的大型企业多采用这种模式。第二种模式则把一部分信息化项目外包给可信赖的IT厂商，使企业自身能专注于信息化中的关键性部分，实现集约化经营，但仍须对外包工作进行管理。这有利于发挥社会专业化分工的优越性。第三种模式是项目外包的扩展，要求综合服务提供商有较大的发展。这有利于快速应用新技术和新方法、优化社会资源配置，但企业为了降低外包风险，必须在管理中加强对外包厂商的评价与监控。上述三种模式各有优缺点，各有其适用范围，关键在于正确抉择和适当组合。

再次，要理顺管理体制。这是搞好企业信息化管理的中心环节。因为它涉及信息化管理同企业的整个管理和全部业务的关系，对企业的内部控制能力和外部竞争能力会产生重大影响。一方面须坚持集中统一的原则，防止和克服职能部门、业务单位各自为政、彼此割裂、重复建设，以及出现信息"孤岛"、影响互联互通等现象，另一方面又要广泛调动全体员工积极参与企业信息化的主动性和创造性。在管理中，责权利要统一，组织机构设置要精干、有效率。企业高层领导必须直接参与信息化及其管理的重大决策，并由专职领导从事跨部门、跨单位的协调工作。

再其次，要规范运行机制。如果说管理体制是指信息化管理的组织机构和组织规则，那么运行机制则是指信息化管理的组织运行，包括运行的秩序、流程、阻力和动力。秩序要稳定，流程要通畅，方方面面要交流和沟通，约束监督和奖惩办法要严格、完善。这样，信息化的运行机制才能趋于灵活、高效。运行机制同管理体制一样，须对信息化管理的环境及其变化作出快速、有效的反应。

最后，要发挥首席信息官和信息化管理队伍的作用。首席信息官不同于企业信息部门的负责人，不是部门级领导而是企业的高层领导，对企业高层不是起"耳目"和"参谋"的作用，而是直接参与企业高层决策，并在负责企业信息化管理的同时，为实施信息化管理能对一切部门或单位进行强有力的协调。他的任务是使企业的信息化战略同企业的总体发展战略相互协调和结合。信息化管理队伍的素质、能力与水平，对企业信息化的成效起决定性作用。他们应是既懂信息技术又熟悉企业业务和管理的复合型人才，并能帮助企业其他员工关心和参予到企业的信息化过程中来。

三　信息化项目的管理

项目管理经历创始、实验、确立、流行等各个阶段已有近半个

5 论信息化活动的管理

世纪的历史，到了企业环境变化越来越快、时间和竞争对企业的压力越来越大的 21 世纪，正在成为有别于传统管理而具有面向成果、任务单一、目标较多且有冲突、资源不稳定、组织界限模糊、充满不确定性等特点的一种现代管理方式。

这种管理方式在信息化过程的管理中占据着重要的地位。企业推进信息化，经常有一个接一个的信息化项目的启动和完成。因此，对信息化项目管理的重要性就凸显出来了。

信息化项目多为一次性任务，为完成该任务须成立项目组织，它从组织设计、组织运行、组织更新到组织终结，有一个生命周期。项目管理应在一定的时间、空间和预算的约束下调配人力、资金、物资，完成项目目标。选好项目经理是搞好项目管理的关键。项目经理由企业领导任命，可实行聘任制。组建项目组时，应尽量吸收信息化项目用户单位的相关人员。

信息化项目的组织形式一般采取矩阵型。成员来自企业的不同部门或单位，在项目经理的指挥和组织下，按一定的分工共同完成项目组规定的任务。项目结束后所有人员返回原单位。按照项目经理权力（协调权或决策权）大小、项目成员任职（专职或兼职）情况，矩阵组织形式有强矩阵和弱矩阵之分。对不同矩阵型组织的选择，依据项目的性质、规模和任务而转移。

信息化项目在立项之前，须作需求分析，需求是由业务部门或管理部门提出的。若不对需求进行全面分析，就容易产生片面性或缺乏针对性。项目立项后进行设备采购和系统开发，经过组织实施，取得项目成果，并对成果作出评价。项目管理为保证成果质量，必须面向流程，在跨部门或跨单位的矩阵式组织中，还要处理好项目组成员同时向项目组经理和职能部门或单位领导双向报告的关系，处理好互有联系的多个项目之间的关系，处理好同一项目中多个部门或单位之间的关系。因此，协商、协调、协作在项目管理中有着重要的意义和作用。前期立项和后期评价是信息化项目管理的头与尾，与中间段的流程管理一起组成整个项目管理的三大部分。

信息化项目的实施除了项目经理制外,还有项目招标制和项目监理制。其中,监理制是防范企业信息化项目风险的一种方式。

企业领导和项目经理在信息化项目管理中有一项不可回避的重大决策,那就是整个项目是否采取外包,在多大程度上进行外包。外包有它的优越性,如可节约开支、控制成本,还可提高技术、加快系统建设速度、增进运行维修的效果,有利于项目组或企业减轻风险、缓解人力资源流失的压力、专注于核心任务的完成、提高适应环境变化的能力。但它也有局限性,如整个项目或其局部工程的估价比较复杂和困难,可能会损害项目组或企业提高组织学习和创新的能力。此外还存在泄密的风险。

一般性信息化项目或信息化项目中的一般性部分适宜于外包,对企业发展有重大乃至关键性影响的信息化项目及其核心部分一般不宜外包,即使外包也应谨慎从事,选好外包厂商。外包厂商的选择,也可通过招投标来解决。

信息化项目的整体或局部外包,都有管理问题。企业或项目组同外包厂商的关系是一种委托代理关系。在外包中仍须对信息化项目进行监管和控制,要实施合同管理,要加强风险管理,还要在同外包厂商的合作中及时发现问题和解决问题。

不仅信息化过程和信息化项目的管理中有外包问题,而且整个企业管理越来越离不开外包。这与企业日益面临不确定性和风险激增、财务和竞争压力加大所带来的挑战有关。以职能分割、结构僵化、被动和脆弱为特征的传统管理模式已无法随势而变、快速响应。在这种情况下,外包正在成为企业实施管理的一个普遍而重要的战略。据统计,1997～2002年《财富》百强企业中已有60%适时适地地采用了外包业务的战略。外包的对象既有信息技术、应用软件管理,又有业务流程、业务转型等。外包能否成功取决于是否能正确设定明确的预期、是否能指导双方合作的管理协议、是否能与时俱进地调整关系、企业与外包商是否能共享收益和风险等关键因素。不少案例证明，外包会给企业带来管理成本降低、运行维修效率增加、服务水平提高等好处。现代企业尤其是高科技企业专注于价值链中研发和营销这两个高端，而把一些相对次要的业务外包出去，这已成为他们实施管理外包战略的发展趋势。

（2005 年 2 月）

6

管理转型与转型管理

一 从社会转型到管理转型

人类社会在时间和空间变迁的漫长过程中，充满着各种各样的转型。这些转型标志着客观事物或主体从一个阶段演进到另一个阶段所发生的质的变化。随着时代的进步，社会在转型，经济在转型，与之相关的各种组织及其管理也在转型。

从农业社会到工业社会，从工业社会再到信息社会，这是两次大的社会转型。农业社会使用的是手工工具，以体力（或畜力）为动力；工业社会使用的是靠电力发动的机器；信息社会使用的能源和工具中就有了新能源、信息网络和智能工具。从生产要素来看，土地、劳力、资本、信息与知识在上述三个社会中的地位与作用有明显的差别，社会越先进，信息与知识的作用越突出。目前中国正经历着双重的社会转型。为了进入国际社会先进国家的行列，中国有必要推进国民经济和社会信息化，参与从工业社会向信息社会的转型。但由于尚未最终完成工业化，农村还有几亿剩余劳动力要进行非农化转移，因此中国又必须同时进一步实现从农业社会向工业社会的转型。

与双重的社会转型相适应，中国还经历着双重的经济转型。一方面传统经济向新经济转型,即由原来的农业经济和工业经济向新兴的信息经济或知识经济的转型;另一方面则是计划经济向市场经济的进一步转型。前一个转型从20世纪90年代中期算起,时间短,任务重,路途还很遥远。后一个转型从改革开放算起,已有28年的历史,虽然已于20世纪末基本确立了社会主义市场经济体制,但距离完善社会主义市场经济体制和机制的目标,仍然任重而道远。

　　与经济体制转型相伴而行的还有经济增长方式从粗放型向集约型的转型。这一转型提出于"九五"初期,但迄今为止进展不快,收效不大。究其原因,可谓不少,但首先与体制转型不彻底有关。当然也与依靠科技不够、劳动者素质提高不快有关。拼资源,牺牲环境和生态的增长,是不可持续的,它违背了科学发展观的要求。因此增长方式的转型尤为迫切。实际上,它也是社会转型、经济转型的一个组成部分。

　　社会转型与经济转型必然导致管理转型。集约型发展与粗放型发展不同,需要以提高自主创新能力为特征的高级管理方式和方法。社会主义市场经济的管理模式,应以价格调节供求同政府有效的宏观调控相结合,与计划经济的管理模式偏重于实物性指标管理相比,无疑要复杂得多。传统经济的管理是工业革命的产物,而新经济的管理则是信息革命的产物,更注重信息和知识在管理中的主导作用。信息社会的管理同工业社会的管理相比存在明显的差别。作为管理基础的组织形式,就有根本上的不同。它不再是金字塔式等级分明的官僚型组织结构,而是富于柔性的扁平型网络型组织结构,甚至还具有虚拟组织形式。一般说来,当管理的外部环境、内部资源、组织结构、主体及其行为、目标及其实现途径等诸因素,随着时代的变迁而发生大的变化时,管理本身就须通过转型来完成它的质变。

二　企业管理转型的成因、表现与特征

　　试以企业为例,探讨一下工业社会转向信息社会发展过程中的

管理转型问题。

从成因来看，这个历史时期的企业管理转型，首先是由信息社会的来临所决定的。近10年来，发达国家讨论进入信息社会和发展中国家讨论面向信息社会的问题多起来了，究竟信息社会的企业管理怎样不同于工业社会的企业管理，目前还不可能完全看清楚。但由于信息技术和互联网在企业管理中的广泛应用所带来的企业管理的巨大变化，则随处可见，正在引发管理转型。其次，这种转型还与传统管理的局限性日益显现有关。传统管理在工业时代发挥过重大作用，如泰罗的科学管理、福特流水线生产的大批量管理、全面质量管理，等等，对提高劳动生产率、降低成本、提高质量、增进效益的作用，是有目共睹的。传统管理的有效部分和积极因素将作为科学管理的组成要素被继承下来。但那些基于过细分工的职能管理、囿于僵化程序的流程管理，特别是管理中的非人性因素和机械死板部分，已与企业外部管理环境极不相称，也与企业内部资源优化配置不相适应，无可持续，必须加以革除和改变。

从表现来看，企业管理转型反映在与企业本身发生变化相联系的受管理信息化和信息化管理影响的诸多方面，例如：

1. 在管理目标上，企业从追求利润最大化转向追求企业价值最大化，企业在完成自身任务的同时肩负起更多的社会责任和义务，参与更多的公益活动。

2. 在经营重点上，企业从以产品为中心，转向以顾客为中心；提供质优价廉的产品固然重要，为顾客利益服务，以增进顾客的信任感、满意度和忠诚度更加重要。

3. 在生产方向上，企业从为增加供给而生产转向为满足需求而生产，不再是通过大批量生产把库存塞满后再去促销，而是直接采用订单生产，加强和完善订单管理。

4. 管理主体从资本家、职业经理人变为以企业家为主包括员工、股东、债权人、供应商和客户等利益相关者共同参与管理的群体。

5. 管理对象中的劳动者，除"蓝领"外，"白领"的人数和比重大大提高，尤其是"白领"中的专业性知识员工发挥了更大的作用，根据他们的特点去进行管理，激发他们的积极性和创造性，以提高知识劳动的生产率，成为企业获得竞争优势的关键。

6. 信息资源和知识资源变成了企业生产经营管理中最重要的资源，相应地出现了信息管理和知识管理，企业越来越多地依赖信息和知识来进行管理。

7. 在组织结构上，垂直的层阶式组织趋向于扁平化，上传下达的中间组织作用缩小了，高层与基层可直接"对话"，管理决策下移，同时还出现了灵活多样的组织形式，如矩阵型、网络型、虚拟化的组织形式。

8. 在管理中重视分工的同时，更强调集成和整合，跨部门、多部门之间的协调，以及职能调整和流程重组变成了企业管理的重要内容。

9. 管理由内部向外部延伸，出现了供应链管理、客户关系管理等新内容，在企业内部相对于战术管理和操作管理，战略管理的重要性空前提高，因为战略管理不仅要考虑企业内部情况，还要掌握企业的外部环境变化，以及预测未来、从未来审视现在。

10. 从传统管理转向现代管理，管理内容越来越丰富，管理种类越来越多，出现了创新管理、风险管理等内容，以及项目管理、业务外包等管理形式。

11. 企业之间的关系，从单纯的竞争关系转向竞争合作或合作竞争的关系，与此相适应，竞争情报分析与管理、谈判和合约管理等开始流行。

12. 由于全球化发展和跨国企业的出现，管理的范围突破了国界，扩展到全世界，企业信息系统和网络的发展使跨国管理成为可能。

上面列举的企业管理转型中的各种变化并不是孤立存在的，而是彼此紧密联系的，也不是一朝一夕涌现出来的，而是长期积累逐渐形成的。这是一个动态的过程，从开始不显著的量变到最终实现飞跃的质变。

最后，从特征来看，企业管理转型具有从传统管理转向现代管理、从刚性管理转向柔性管理、从以物为本的管理转向以人为本的管理、从有形的"原子"管理转向无形的"比特"管理（即虚拟管理或数字管理）等性质。

三 转型管理中的矛盾及其解决方式

在管理转型过程中不可避免地会出现转型管理（即转型时期的管理状态）。转型管理表现为传统管理和现代管理或者说新、老管理同时并存的混合管理，它的主要特点就是混合性。

在混合的转型管理中，新、老管理的成分孰多孰少、孰强孰弱，在转型初期、中期、末期是不一样的，它们之间有一个此消彼长和相互渗透、结合的关系。

转型管理一般有两种混合模式，一种是板块式的机械性混合，如我国 20 世纪 80 年代价格管理中计划和市场的双轨制，在并轨之前两种价格管理时有摩擦甚至冲突；另一种是渗透式的有机性混合，如我国实施的渐进式改革中老的管理体制并不是一下子就被新的管理体制所取代，而是在建立新体制的同时改造和提升老体制，使它们逐步接近而趋于一致，达到管理上新陈代谢的目的。

传统与现代、新与老的对立是相对的，而非绝对的。因为老的管理是由新的管理变过来的。传统管理（如工业时代的管理）曾经一度也是现代管理（相对于农业时代的管理而言）。不同时代的管理尽管有质的差别，但也有共同点，有些管理因素会逐渐传承下去，比方说，管理是基于组织的，任何管理绝不可能脱离组织而存在。这不会因时代的变迁而使管理有所不同。

再以企业管理为例，企业管理文化即体现于管理中的企业文化，它是联系新、老管理的纽带，它的继承和发扬促使转型管理中的矛盾得到平稳化解，使管理转型顺利完成。企业管理的百年基业，文化是根本。企业文化的精髓就是企业的核心价值观，它指引和激励着企业的组织行为，调整和提升着企业的管理方式。世界上的一些著名企业，如美国的通用电气公司、国际商用机器公司等，多数创立于工业时代，但在它们的优秀企业文化影响下，与时俱进地调整了业务和管理，在业务上从以制造为主转向以服务为主，在管理上从传统管理转向现代管理，如供应链管理、客户关系管理以及价值链管理等，从而使企业重振雄风。一般企业往往由于文化底蕴差，经不起时代变迁的冲击，未能解决好转型管理中的一系列矛盾，以致缩短了企业寿命，而使基业长青毁于一旦。

四 转型管理与转型组织的互动关系

由于管理依附于一定的组织，因此转型管理总是与转型中的一定组织紧紧地连接在一起，这种组织可以是企业，也可以是政府，或者是其他类型的组织。

仍以企业管理为例，随着工业时代转向信息时代，转型中的企业管理不仅以转型企业的存在和发展为前提，而且是为转型企业和企业转型服务的。我国企业在计划经济向市场经济的转型期，其管理就从偏重于计划导向的生产管理，转向市场导向的经营管理，而在工业社会或工业经济向信息社会或知识经济的转型期，其管理则从传统的工业管理转向用现代信息技术装备起来的知识管理。转型企业需要转型管理，而转型管理又推动转型企业的发展，最终完成企业及其管理的转型。

转型管理的任务，绝不是"守住昨天、牺牲明天"，而是"延续过去、展示未来"，把作为人类创造性活动之一的管理推向前进，以更新它赖以生存的转型组织。

(2006年4月)

7 自主创新的研究与管理

一 怎样认识自主创新

(一) 全面认识自主创新的内容

从"创新"来看,它不是单纯的科技问题,而是与科技紧密结合的经济和管理问题;从"自主"来看,指的是中国企业或中国资本控股企业的自主创新。

自主创新一般有竞争领域的商品性自主创新和非竞争领域的公共性自主创新,通常限于前者。

自主创新是原始创新、集成创新、吸收创新的统一,须有基础研究、应用基础研究、应用研究、开发研究的互动配合。

自主创新不能闭门造车,必须以开放为条件,利用国内外的两种资源和两个市场。

(二) 充分认识自主创新的战略意义

近3年来党和政府把自主创新提到战略举措的高度及其背景。

从市场换技术到"要用技术去占领市场"的根本性观念转变。

从中国制造到中国创造,从世界工厂到世界研发中心,要依靠自主创新及其能力的提高。

有具备世界影响力的自主品牌和自主知识产权的增多,才能改变我国在全球产业链中的地位。

二 自主创新该怎样去做

(一) 自主创新的实施途径

1. 促进以引进消化和吸收为基础的二次创新。
2. 通过系统集成实现创新。
3. 推动原始的技术创新和制度创新。
4. 用国际并购等方式提升自主创新能力。
5. 从国际合作中加强联合研究和共同创新。
6. 按产学研结合方式实现企业自主创新。

(二) 为自主创新要采取的措施

1. 加快科研体制改革,改进科研成果转化,完善技术扩散转移方式,强化企业研发力量。

2. 增强研发投入和改进投入结构,逐步解决企业研发的融资问题。

3. 提高创新支出的使用效益,克服学术腐败,降低研发失败概率。

4. 培育、吸引和用好创新型人才,采用有效方式激发他们的主动性和积极性。

5. 发挥政府部门、科研机构、高等学校、各类企业,以及社会中介组织在自主创新中各自的作用和优势,并促进他们之间的配合与协作。

6. 正确处理自主创新中军民结合、军用技术与民用技术的交替和互动。

三 自主创新应以谁为主

(一) 企业理应成为自主创新的主体

1. 历史上形成的以科技(供给)推动型为主的创新体制正在向以市场(需求)拉动型为主的创新体制转变。
2. 信息时代市场经济条件下的企业不同于工业时代和计划经济条件下的企业,是科技研发与物质生产融为一体的企业。
3. 作为市场主体的企业同时也是自主创新的主体,它应成为国家创新体系或网络中的重要一环。
4. 创新型国家的建设应以创新型企业的发展为基础,我国正在试点,并积极推动创新型企业的发展。
5. 亟须尽快改变我国企业在自主创新方面过度落后的状态。全国只有万分之三的企业拥有自主知识产权,我国企业申请的国际专利数只有美国的1/18,还不及韩国。即使是大中型企业也有约70%没有研发活动,75%没有研发机构。

(二) 以企业为创新主体是确保企业和国家在全球竞争中优势地位的需要

1. 自主创新的目的在于增强国家综合实力,特别是提高企业的国际竞争力。只有以企业为主体,才能达到这一目的。
2. 自主创新要以其成果实现产业化应用,最终转化成生产力作为归宿,这主要得依靠企业。

(三) 逐步从政府主办的科研机构为主转向以企业为主体

不能以目前企业尚无成为创新主体的条件而否定企业应成为主体,相反须创造一切条件尽快使企业成为主体。

要使企业对自主创新内有动力,外有压力,帮助企业实现科研投入市场化、研发方式多元化，能得益于国家创新网络的发展。

发挥政府主办的科研机构在自主创新中更好地为生产实践和经济发展服务的作用，使之与企业结合，甚至有一部分向企业转型。

四 自主创新需要管理

（一）自主创新既包括管理创新又需要创新管理，创新管理以研发管理为核心，以知识管理为基础，以学习型组织和学习型社会的存在为条件。

（二）企业层面微观创新管理要重视要素重组、资源整合、多方协调，提高学习和组织能力，持续研发活动，创品牌，确立自有知识产权。

（三）国家层面宏观型创新管理应由政府制定战略和规划，并积极组织实施。

（2006 年 7 月）

8 自主品牌的研究与管理

一 培育自主品牌的必要性和重要性

（一）品牌的含义

品牌是一种名称和标志、承诺和象征、认同和信任、关系和系统，反映企业及其产品能满足消费者物质和精神需求的能力，能为利益相关者带来溢价或权益，可为企业或国家扩大市场占有率和提高核心竞争力。

（二）自主品牌的含义

自主品牌就是中国品牌，由中国企业和中国资本控股的企业，通过自主创新，精心营销所创建的拥有知识产权的民族品牌，它可以是国内品牌，也可以是世界品牌，但与外国的品牌相对应。

（三）培育自主品牌的必要性

在市场全球化的形势下，产品竞争、企业间竞争日益变成品牌竞争，没有量多质优的品牌，就意味着国际竞争力的丧失。

中国品牌量少质差，与外国的差距太大。2005年世界五百强品牌中，中国只占有排名很靠后的4个。自主品牌产品的出口还不到出口总额的10%。

国内现有品牌多靠垄断地位的存在，而并非靠经营管理赢得。在跨国公司强势品牌大量涌入的情况下，不仅自主品牌发展困难，原有的一些品牌因没有保护住以致消失了。

全民品牌意识亟须强化，企业品牌工作需要急起直追，不能停留于起步阶段。

（四）培育自主品牌的重要性

1. 有利于提升我国企业经营管理的整体水平，克服短期行为和机会主义，持续追求卓越。

2. 有利于我国企业扩大市场、增加利润、创造无形资产，对经济增长和财富积累作出更大贡献。

3. 有利于消费者在市场扩大、商品增多的情况下进行购买决策，并实现品牌消费、体验消费，尤其是位置消费，提高消费的档次和品位。

4. 有利于社会主义市场在信息不对称的情况下发挥品牌效应，促进资源配置的有效性。

5. 有利于发掘民族历史文化底蕴，提高国家竞争能力，使我国由大变强、在强中求大，实现中华复兴的伟业。

二 我国目前认证自主品牌的方式

（一）塑造品牌靠企业

国有企业和民营企业都要根据消费需求变化、市场竞争状况、科技进步条件，长期致力于品牌的创建和保护。全世界约有8.5万个品牌，发达国家占90%以上，而中国的品牌所占比例还不到3%。企业是培育自主品牌的主体。

（二）认证品牌靠政府

政府在自主品牌培育中有重要作为，营造法律、政策制度等环境主要靠政府。品牌的基础是专利，品牌的载体是商标。专利和商标都要由政府来管理。对品牌的认同要通过市场依靠广大消费者。但品牌的认证和评选离不开政府及其授权的社会组织。

（三）我国认定品牌的两种方式

1. 驰名商标的认定

由国家工商总局根据商标法，参照国际通用法律认证方式，来认定驰名商标，它是国内相关公众广为知晓并享有较高信誉的商标。这是一种大批量认定、集中管理、主动保护的方式。截至2004年底，已认定驰名商标206个，另有商标异议案中认定的商标31个，商标管理案中认定的商标175个。

2. 中国名牌产品的评定

由国家商检总局从2001年起根据《中国品牌产品管理办法》的规定，按照若干项标准来评定名牌产品，评定后有效期为3年。截至2005年，5批共评定1000多个名牌产品，其中民营企业的名牌产品差不多占到了一半。另有商务部对重点培育与发展的出口名牌产品进行国家级认定。

3. 两种方式的比较

两种认证均基于品牌在国内相关公众中的知名度，并以实施名牌战略、提高中国品牌的国际竞争为目标，但后一种认定的"中国名牌"不是法律概念，而前一种认定的"驰名商标"具有法律保护效力。两种方式须相互结合，共同保护中国品牌的知识产权，以培育和发展自主品牌。当然，品牌较难由官方钦定，须由市场力量决定其命运。

三 加强自主品牌的建设和管理

(一) 加强自主品牌的全面建设

1. 提高企业家、公务员以及相关公众对自主品牌的认识。
2. 企业要抓好自主品牌建设的以下各环节：
 (1) 创立品牌：依靠技术和管理，做好市场和产品的定位。
 (2) 打造品牌：要有积累和沉淀，持续投入和努力。
 (3) 推出品牌：正确营销，赋予品牌以独特的个性和竞争力。
 (4) 延伸品牌：合理扩张，避免过度，要"馅饼"不要"陷阱"。
 (5) 保护品牌：申请专利、注册商标，严防在境外和国外被恶意抢注，打击假冒伪劣，保护知识产权。
3. 政府创造建设自主品牌的环境，尤其是法律、政策、制度方面的软环境，制定品牌战略，立足国内、走向世界，先本土化，后国际化。

(二) 改进自主品牌的综合管理

1. 品牌管理是整个企业管理的重要部分，要与整个管理相一致，引领和促进整个管理。
2. 品牌管理涉及研发管理、生产管理、质量管理、人才管理、营销管理、企业文化管理、客户关系管理以及专利管理、商标管理、知识产权保护方面的管理等。
3. 重视合作、合资中的品牌管理，防止外商通过合资、增资、控股、独资四部曲把自主品牌淡化、削弱和消灭，要反过来利用外资和外技发展自主品牌。
4. 重视资源整合，开展品牌合作，向服务品牌和网上品牌扩展，防范和处理好品牌危机，反对品牌透支，发挥产业集群、区域联合的品牌优势，结合行业品牌，利用企业并购、合资、合作等手段强化品牌，提升品牌竞争力，促进品牌资产增值。

四　培育和发展自主品牌的战略思考

（一）应把培育和发展自主品牌工作作为一项重要战略来研究和推进，因为这关系到企业发展和国家强盛的全局性、持久性、根本性和深层次问题。

（二）加强中国名牌发展战略的研究、制订和实施，目前中国几百个品牌中已成为名牌的只有 10%～15%，尤其缺乏世界名牌。

（三）培育和发展自主品牌应把品牌的生命周期同产品的生命周期、企业的生命周期结合起来考虑，品牌发展有培育、成长、鼎盛、衰落四个阶段，应设法延长成长与鼎盛两个时期，并有持续的接替品牌，使品牌与企业一道基业长青。

（四）要细化品牌战略的研究，包括品牌延伸战略、品牌授权战略、品牌合作战略、品牌共享战略以及品牌国际化战略等的研究。

（2006 年 9 月）

9
企业核心竞争力研究与管理

一 企业竞争力的含义与要素

企业竞争力是企业在国内外市场环境中，与同一行业或地区的其他企业相比，利用资源、技能和知识谋求盈利和提升企业价值的生存、发展能力。进一步说，企业竞争力还是企业创造价值、变革创新、整合资源、学习提升、组织执行、应对环境等各种能力的综合和集中的反映。

那么企业竞争力是由哪些主要因素决定的呢？我认为，主要有以下五个因素：

1. 企业制度。这是人际关系的总和，包括产权、企业治理、企业组织，以及企业内部的激励、约束和监督等制度。这些制度是否完整和有效，从根本上影响企业竞争力的强弱。所以，企业制度是企业竞争力的前提。

2. 企业文化。它是企业制度的替代物，有精神文化、行为文化等，主要表现为核心价值观和行为规范。可以说，企业文化是形成竞争力的动力源。

3. 企业资源。它是企业存在和发展的物质基础，包括有形资源和无形资源、内部资源和外部资源等各种分类。随着企业的发展,无形资源的作用和对外部资源的利用,对企业竞争力的影响会越来越大。毫无疑问,企业资源是企业竞争力产生的基础。

4. 企业能力。展开来说,它是企业领导人和全体员工施展本领的能耐和力量,包括决策能力、执行能力,还包括研发、生产、营销等各种能力,其中主要是技术能力,而技术能力有显性的和隐性的两种表现,隐性能力更富于创造性。技术能力还分核心技术能力和配套技术能力,核心技术能力是最重要的技术能力。因此,企业能力是企业竞争力赖以形成的关键。

5. 企业管理。这是为整合要素服务的要素,有职能管理、流程管理,以及战略管理、风险管理、项目管理等各种综合性管理。其实企业竞争力也有管理问题。总之,在企业竞争力的形成过程中企业管理起纽带和保障作用。

二 核心竞争力的提出与讨论

1990年,美国密西根大学普拉哈拉德教授和英国伦敦商学院哈默尔教授在《哈佛商业评论》发表《企业核心竞争力》一文,首次提出核心竞争力问题。近16年来,国内外经济学界和管理学界对核心竞争力有很多的讨论,并已广泛引起企业界人士的高度重视。从讨论情况来看,对核心竞争力存在两种理解,一种认为核心竞争力是企业竞争力的核心内容或关键部分,另一种认为核心竞争力就是一种特殊的企业竞争力,它显得更为重要,因此出现了用核心竞争力取代一般竞争力的倾向。这种关系同经济学中通货膨胀与核心通货膨胀的关系,既有相同的情况,即从一个范畴引申出更具深层内涵的另一个范畴,又有不同的发展,即核心竞争力有取代竞争力的趋势,而剔除粮食和能源价格上涨的核心通货膨胀并不存在取代通货膨胀的情况。

如果说提高竞争力是为了建立企业的竞争优势,那么提高核心竞争力则是为了建立企业的持续竞争优势。虽然没有不可打破的竞争优势，但是使竞争优势持续较长时间则是可能的，这就需要通过知识与技能的长期积累，使竞争力核心化。核心竞争力作为特殊的竞争力，我认为具有以下十个特征：

1. 独特性，指难以复制或模仿的特性；
2. 关键性，即在竞争中能起关键的作用；
3. 内生性，植根于企业内部而非依靠外力；
4. 延展性，可向有关企业或市场延伸或扩展；
5. 整合性，指内部整合、外部整合、战略整合等；
6. 专致性，不求全但要突出，有所偏倚；
7. 积淀性，靠日积月累，有底蕴和根基；
8. 增值性，即有增大价值量的作用；
9. 占优性，在决策博弈中，能稳居优势；
10. 持久性，可持续提升，对竞争环境变化有动态适应性。

以上十个特征若顺序归并，两两合一，可组成五对特征。每一对特征中的两个特征，都是互补的，有延伸关系的。

核心竞争力表现在各个方面，有核心产品、核心技术、核心能力、核心价值观。其中核心产品源于核心技术，核心技术源于核心能力，核心能力及其发挥程度又与核心价值观有关。

应当说，核心竞争力主要是由发展战略、创新能力、优秀人才、企业精神共同决定的。

首先，发展战略给企业的产品、市场和业务以正确定位，为核心竞争力指明了方向。

其次，创新能力包括技术创新、体制创新、管理创新、观念创新，以及它们之间的互动配合，尤其是技术创新，成为提升核心竞争力的关键之所在。

再次，优秀人才特别是科研开发和工程技术人员以及企业家，是提升核心竞争力的最重要的保障。

最后，企业精神尤其是核心价值观，是提升核心竞争力不竭的动力。

三 企业竞争情报对企业核心竞争力的影响

企业竞争情报的研究，始于20世纪50年代美国的通用汽车公司，其创始人为怀斯汀。1986年，美国成立了竞争情报从业者协会，后又出版了《竞争情报评论》。中国于20世纪80年代中期，由上海科技情报研究所引入企业竞争情报研究。1995年在中国情报学会下设立竞争情报学分会，此后企业竞争情报研究开始活跃于国内。

竞争情报研究经历了竞争数据采集、行业及竞争对手分析、竞争情报、竞争情报作为一项核心能力等四个阶段。但目前在我国还偏重于理论研究，实际应用有待发展，这种情况与从事研究的多为情报学界人士有关。企业信息化发展特别是互联网进入商业性应用阶段后，企业竞争情报系统的研究和建设开始盛行起来，并出现了企业同政府部门、社会中介组织共建竞争情报系统的新发展。

企业竞争情报是企业提升竞争力、开展有效竞争的有力武器。我国加入世界贸易组织后，企业面临着激烈的国际竞争，对企业竞争情报的需求激增，尤其是在国际贸易领域。在经济全球化的形势下，企业在国内外竞争中要知己知彼，迫切需要了解竞争环境、竞争对手、竞争策略的动态变化，为赢得竞争优势，企业不能没有自己的竞争情报。企业竞争情报正在成为企业核心竞争力的一项重要内容，被企业用作了解局势、把握机遇、刺探商情、进行"自卫"和"出击"的必要手段。

四 企业竞争力与核心竞争力的管理问题

提升企业竞争力是企业管理的永恒主题，而在企业竞争力中，资源、能力、环境等三要素都是可控的，或是可以施加影响的。因此，对企业竞争力进行管理既是必要的，又是可能的。事实上，竞争力管理是企业战略管理的重要内容之一。

企业竞争力管理的主要内容包括：①在竞争位势变化中强化优势，弱化劣势；不但要赢得优势，而且应尽可能地永居优势；②创新竞争资源和竞争能力，优化竞争环境；③规划业务方向，调整产品和市场的定位。

企业竞争力管理的程序则包括数据采集、评价分析、策略制定、实施措施，上述四个程序要循环往复、滚动修正。管理企业竞争力的手段，有竞争力的管理信息系统、预警系统、评价模型等。

企业核心竞争力管理的基本内容，与竞争力管理的内容相类似。但是它有一定的特色，这表现在以下三点：①在培育方面，通过企业内部的开发挖掘、企业外部的购并合作等多种方式，长期培育核心竞争力的增长，重在积累。②在更新方面，随着竞争环境的变化，及时更新主要是部分地更新核心竞争力的内容和特色。③在保障方面，从根本上把企业打造成为学习型组织、创新型企业。

(2006年9月)

10
企业战略的研究与管理

一 企业战略的定义与特点

（一）企业战略的定义

为正确定义企业战略，须了解企业与战略的内涵以及企业战略与企业管理之间的关系。

企业作为经济体是国民经济的细胞，它为什么而存在、它为何会有所不同，不同的理解都会影响对企业战略的认识。

战略与战术或策略不同，是决定全局的谋略和筹划，原为军事术语，推广应用到企业活动后，对战略从不同角度来认识，就会影响对企业战略的理解。

谈企业战略离不开企业管理，前者决定和提升后者，后者包括和渗透于前者，企业战略是企业管理的最重要部分，它也有管理问题。

企业战略可定义为：企业根据外部环境和内部资源的变化，动态调整和有效组合，使之相互匹配，以提升企业生存发展能力，特别是竞争能力，确立持续的竞争优势，来实现企业的组织目标和经营目标的全局性考虑和部署，它构成企业管理的最重要要素和特殊部分。

国外对企业战略的定义有"5P"之说，即从不同角度看战略，而把它说成是 Ploy、Plan、Pattern、Position、Perspective。其中任何一个"P"都可用来定义原词为 strategy 的战略。Ploy 和 Plan 表明战略是一种有意识、有目的的预想性行动。Pattern 表明战略是在行动中连续形成的一种模式，它强调的是实现。Position 进一步表明战略是由外而内的环境、组织之间的重要中介，在博弈中有可选择性，战略之于组织犹如性格之于个人。Perspective 则表明战略是由内而外的组织成员共享的愿景，它是有力量的。从以上五个"P"的联系中来理解企业战略的丰富内涵，会更全面些。

（二）企业战略的特点

企业战略作为一种战略的一般性特点：

（1）目的性：战略是有目的的行动，任何战略都有其明确的目标。

（2）全局性：战略是关系全局和整体的宏观层面的总谋略，并不关注微观的枝节问题。

（3）长期性：战略不是短期行为，而要有长期的发展方向。

（4）稳定性：战略不能常变，对内外环境应有稳定的适应性。

（5）动态性：战略不是静态的，它不能常变，但要随客观环境和主观力量的变更而变更，作必要的动态调整，以保持战略的适应性和创造性。

（6）竞争性：战略产生于双人博弈和多人博弈，有竞争有合作，但合作也是为了竞争。

（7）保密性：战略可以公开，但战略意图和关键内容需要保密，不能泄露给竞争对手。

企业战略相对于国家战略而言的非一般性特点：

（1）赢利性：企业是赢利组织，企业战略要为赢利服务。

（2）多样性：企业战略多种多样，不一而足，远比国家战略更加多样化。

（3）非体系性：如果说国家战略是有体系的，那么企业战略并不追求体系的完整性，它在多数企业中往往是单项的。

二 企业战略研究的历史发展与各种学派

（一）企业战略研究的四个发展阶段

1. 早期初始研究

20 世纪 60 年代初期以前，可追溯到 1916 年法约尔的管理研究，他提出计划是管理的首要职能。随后有 1938 年巴纳德的职能研究，他首次提出企业经营战略研究。至 1962 年钱德纳提出结构研究，把环境、战略、结构联系在一起，为企业战略研究开辟了道路。20 世纪 60 年代初，安德鲁斯提出社会责任、市场机会、企业实力、个人价值观的战略四要素说，创立了 SWOT 战略分析框架，为企业战略研究奠定了基础。

2. 传统一般理论研究

从 20 世纪 60 年代中期到 70 年代末，主要代表人物是安索夫，他的著作有《公司战略》（1965）、《从战略计划到战略管理》（1975）、《战略管理》（1979）。他强调协同效应和竞争优势，要求战略同组织与环境相匹配，发展了战略管理理论。在同一时期，还有其他学者的关于战略制定、战略规划与政策等实际应用研究。

3. 现代竞争理论研究

从 20 世纪 80 年代至 90 年代，首先由波特在安德鲁斯、安索夫的企业竞争战略研究的基础上，结合竞争战略和产业组织的研究，统一战略制定和战略实施两个过程，创立企业战略的五力"钻石"模型，提出赢得竞争优势的总成本领先等三种战略。其后，另外有一些学者认为企业战略不在于产品竞争，而在于能力竞争，包括核心能力或整体能力的竞争，以维持持续的竞争优势。还有一些学者则认为企业竞争战略植根于企业独特的战略资源的培育、配置、运用以及这些方面的能力。它们构成竞争优势的源泉。

4. 当代动态理论研究

进入21世纪后,由于全球化竞争的兴起和加剧,出现了基于创新的动态研究,要求能力再造,强调快速反应,把战略和竞争的研究置于战略互动、竞争变化的动态发展的基础之上,认为任何竞争优势都不是不可打破的,应把企业战略作为过程来研究,须建立富有弹性的战略管理系统。

(二) 企业战略研究的12个学派

1. 设计学派:认为战略有形成过程,并把该过程视为概念形成的过程,战略的制定与实施这两个过程是分离的,企业主要领导人是战略设计者,有SWOT分析框架,以安德鲁斯、钱德纳为主要代表,影响较大的著作有《公司战略概念》(1972)、《战略与结构》(1962)、《经营中的领导能力》(1957)。

2. 计划学派:认为战略是规划或计划,须深思熟虑,应使内部变化与外部环境相适应,适用于稳定的环境和大型正规企业,以安索夫为代表,其主要著作有《公司战略》(1965)。

3. 定位学派:把战略形成视为分析过程,关注企业在行业内的结构分析和相对地位分析,重视数据计算,重视竞争优势,有五力模型和三种战略,以波特为代表,其主要著作有《竞争战略》(1980)、《竞争优势》(1985)、《国家竞争优势》(1990)。

4. 创意学派或企业家学派:把战略形成视为预测过程,强调经理人的独特远见、直觉思维、灵感和想象,适用于创新型和有进取心的企业,以德鲁克等人为主要代表。

5. 认知学派或认识学派:把战略形成看作心理过程或认识的基本过程,重视处理信息、获得认识建立概念的认知过程,适用于现有战略的再造时期,以西蒙的《管理行为》和《组织理论》等著作为代表。

6. 学习学派：视战略形成为应变过程，认为战略是独特的模式，强调渐进演化和组织学习，关注自然形成，适用于专业性企业，以彼得·圣吉的《第五次修炼》和野中郁次郎的《知识创造企业》为代表。

7. 权力学派：把战略形成视为协商过程，须运用手腕、施展计谋，关注权力作用和利益关系，适用于大型成熟的企业及其所处的重大变化时期。代表人物有普费弗、阿里森、萨兰西克等人，有影响的著作为《组织的外部控制》（1978）。

8. 文化学派：认为战略是独特的集体观念、形成集体思维的过程，适用于特定的、有文化的企业或老牌企业，以莱恩曼、诺曼等人为代表，有影响的著作为《长远规划的组织理论》（1973）、《管理中成长》（1977）。

9. 环境学派：视战略为反应的过程，对外部环境的被动反应，认为环境和社会生态在战略中有特殊地位，十分关注环境因素，适用于成熟的企业。代表人物有汉能、弗里曼等人，有影响的著作为《组织的种群生态学》（1977）、《组织的生态学》（1989）。

10. 结构学派：把战略形成视为变革的过程，认为企业组织是一种结构，战略制订是一种整合，重视结构与转变，强调归纳与综合，集以上9种学派之大成，主要代表人物为明茨伯格、钱德纳、米勒、米尔斯、斯诺等学者，有影响的著作为《战略与结构》（1962）、《组织策略、结构和过程》（1978）。

11. 资源学派：认为战略的基础是作为独特的资源结合体的企业，最大限度地培育发展独特的战略资源，是企业保持持续竞争优势的有效手段。沃纳菲尔特的《企业资源学说》（1984）是有代表性的著作。

12. 能力学派：从企业生产经营过程中特有的能力出发来制定和实施企业竞争战略，以赢得持续的竞争优势，有核心能力观与整体能力观之分，核心能力须靠积累性学识，整体能力则要靠协调整合，普拉哈拉德、哈默尔的《企业核心能力》（1990）、《竞争未来》(1994) 是有影响的代表作。

以上 1~3 三个学派偏重于战略的明确表述,可合称为说明性学派,有过程分离、少数主角、理性、利益一致、简单环境五个假设。4~9 六个学派偏重于对战略形成的理解,他们改变了说明性学派中一个或几个假设而展开描述,可合称为描述性学派。第 10 个结构学派集成了 1~9 九个学派的部分内容,可称之为综合性学派,适用于没有任何特色的一般性企业。最后的 11 和 12 两个学派,与前十个学派不同,不是偏重于由外而内的环境为主导的被动适应的企业战略,而是由内而外的异质的企业追求卓越积极影响环境使竞争优势可持续的企业战略。

对众多学派的了解有助于把握企业战略的内容。若不细分为 12 个学派,亦可划分为 4 个主要学派,即以安索夫为代表的环境战略学派,以德鲁克为代表的目标战略学派,以波特为代表的竞争战略学派,以普拉哈拉德为代表的核心战略学派。

三 企业的信息化战略与国际化战略

(一) 企业战略的分类

企业战略有总体战略、局部战略,以及介于两者之间的综合战略。总体战略关系企业整体的长足发展,局部战略可以是前者的子战略,也可以是独立存在的,但对企业全局有重大影响,包括单项战略(如产品战略、品牌战略等)、流程战略(如研发战略、营销战略等)、职能战略(如人才战略、财务战略等)。综合战略涉及企业某一方面的发展且与企业各个部分和总体相关联,如在全球信息化和经济全球化条件下盛行的信息化战略与国际化战略。

(二) 企业的信息化战略

2006 年初,我国发布了《2006~2020 年国家信息化发展战略》，这为广大企业制订和实施信息化战略树立了典范。

不同的企业应根据各自的独特情况，在国内外信息化加快发展的形势下，制订繁简不一的信息化战略，不必贪大求全，可用国家信息化发展战略作依据，但不宜机械地仿照。

企业信息化战略要把信息技术、信息资源，以及这两者的结合，如互联网、电子商务等，战术性地应用于企业业务和企业管理的个别环节，以提高它们的效率，更重要的是在企业经营管理的思维和模式方面作战略性应用，提升企业的效能，特别是动态核心能力，以赢得持续的竞争优势。

制订和实施企业信息化战略，不应随大流、跟着走，而必须独创地率先行动，占领"制高点"，从根本上变革传统的业务范式和管理范式，如航空业中计算机订票系统的建立与使用、银行业中自动存取款机的设立与使用等。

（三）企业的国际化战略

跨国公司是经济全球化的载体，它既是经济全球化的主要表现，又是经济全球化的重要原因。每个跨国公司都有自己的全球战略，如麦当劳等。我国企业在开放的条件下，跨国经营在增强，但有综合竞争力的跨国公司还不多。

为在"引进来"的同时"走出去"，我国推进国际化战略的企业日益增多。以国内著名的海尔、TCL、格兰仕三个家电企业的国际化战略作为案例，来说明每个企业各有其独特的战略，如海尔的分步渐进战略，TCL 的购并扩张战略，格兰仕的贴牌生产战略。

从上述三家企业三个战略的比较中可以看出，尽管路径各异，但是目标相同，即均想使自己成为国际著名企业，在做法上都抓产品的质量和品牌（打自己的品牌或用别人的品牌），都抓优质服务。他们的战略，都注重多元化和本土化。

尽管以上三个企业的国际化战略是成功的，但还或多或少地存在一些不足，如国际经营管理人才不足，国际经营产销渠道不多，研发投入不够，通过文化融合产生企业凝聚力不显著，在核心技术自主品牌和本企业知识产权的创建方面尚需不懈努力。

四 企业战略管理的释义与内容

1. 对企业战略管理有不同的释义。如把企业战略管理理解为企业的战略管理，那就意味着用战略来管理企业，使企业战略管理成为企业战略的同义词。如把企业战略管理理解为企业战略的管理，那就成了对企业战略的管理，使企业战略管理有别于企业战略本身。

2. 企业战略管理的内容包括四个部分：

（1）战略分析：即环境分析，包括企业外部即环境分析和企业内部要素的分析，要分析要素与环境的不适应，以及两者相适应的可能性。

（2）战略制定：包括战略目标的确定，以及战略方针和原则、战略内容和重点、战略措施和计划等一系列安排或部署。

（3）战略实施：即战略行动，对实施过程要进行监督检查。

（4）战略评价：对战略实施的效果与影响进行评价，包括企业绩效评价但并非一般的绩效评价。

以上四方面内容是顺序的四个阶段，须反复迭代，根据反馈情况进行修改。由此可见，战略管理类似于规划或计划，但不宜拘泥于形式，一切以最大限度地实现战略目标为中心。

3. 战略管理与信息管理的交叉结合，产生战略信息管理。从信息管理来看，战略信息管理是信息管理的一个重要发展阶段。从战略管理来看，信息的收集和分析在战略管理中处于非常重要的地位。

五 关于"蓝海战略"的讨论

"蓝海战略"出自同名的一本畅销书，是经过媒体传播和渲染，自2005年以来在企业界流行的一个新概念，它相对于"红海战略"而言，不是靠同质产品的低价竞争因"价格战"而血溅商海使之变成"红海"，相反的，它是依靠异质产品赢得垄断地位而出现一片"蓝海"，被认为是有特色的创新战略。

我国企业管理学界就"蓝海战略"为什么这样盛行，"蓝海战略"的本质和在战略管理中的地位及其可操作性，对"蓝海战略"的评价等问题，进行过广泛的讨论，意见纷繁，有肯定的，如把它视作一种管理时尚，也有否定的，如称之为"新瓶装旧酒"，没有什么新内容。

不论"蓝海战略"在学术上是否有价值，在实践中是否行得通，它作为试图另辟蹊径的创新型战略思维还是有启迪作用并可以借鉴的。至于企业如何运用，则不能一概而论。

（2007年4月）

我国数量经济学发展的
昨天、今天和明天

一 诱人回忆的昨天

(一) 从个人经历谈我国数量经济学发展史中老一辈经济学家的领导和作用 (1959~1986年)

1. 孙冶方的访苏和决定 (1959年): 时任中国科学院经济研究所所长的孙冶方访问苏联归来，写了个报告，并把我从哲学社会科学部团委副书记的岗位上调回经济研究所。派我出国学习经济数学方法，但由于中苏关系破裂而未成行。后又决定在经济所设立经济数学方法研究小组，由我任组长。

2. 于光远的倡导和拍板 (1965~1979年): 1965年，时任中宣部科学处处长的于光远找数学家华罗庚教授到他的办公室，商讨建立我国经济学家和数学家的联盟，一是要在经济中应用数学方法，二是要在应用过程中发现和提出新的数学方法，叫我去参加了。这两方面的任务都很重要，特别是后一方面，更有挑战性。但很遗憾，不久，"文化大革命"开始，这个设想就告吹了。1979年，于光远当时是中国社会科学院副院长，他交给我一个任务，要我召集一批学者，有经济学的、数学的、管理学的、工程学的,三十多位,在北京友谊宾馆召开"开展数量经济研究,成立中国数量经济研究会"座谈会。会议提出,"经济数学方法"作为一个研究领域的名称是可以的,但作为学科名称不合适,那么到底叫什么好呢?当时会上共列举了十一个名称,如经济系统学、经济运筹学、经济计量学、数理经济学、经济控制论、数量经济学等。最后由于光远拍板,就叫"数量经济学",英文名称为 Quantitative Economics。这个名字是经过考证的。于光远起了最后决定的作用。这次会后原有的"中国经济数量方法研究会"就改为"中国数量经济研究会",此后又改为"中国数量经济学会"。

3. 马洪的指派和领导(1979~1983年):马洪时任中国社会科学院院长。他根据社会科学院同美国福特基金会的协议,派我和其他四位学者赴美国做访问学者,并叫我做组长。后来我被指派到宾夕法尼亚大学,在1980年诺贝尔经济学奖获得者克莱因教授的指导下从事研究工作。1982年2月,按时回国,又接受了马洪交给我的两项任务:一项是到江苏常州总结当地社会主义经济建设的经验,后来出了一本书;另一项是筹备数量经济与技术经济研究所。该所是在经济研究所数量经济研究室、工业经济研究所的管理现代化研究室,以及技术经济研究所三个单位的基础上成立的。

4. 宋平的面谈和调令(1986年):宋平同志时任国家计划委员会(现为国家发展和改革委员会)主任。他找我面谈,要我去即将成立的国家经济信息中心(现为国家信息中心)参与领导工作。有一部分任务是分管经济监测、经济预测与分析等工作,这就是数量经济学具体应用的实践。后国家计委下调令,我就从数量经济与技术经济研究所到国家信息中心工作。

从我国数量经济学研究的历史可以看出,其发展从理论到实践都是与上面提到的孙冶方、于光远、马洪、宋平等老一辈著名经济学家和领导的远大眼光和关心分不开的。

(二）在自主研究的同时从学习苏联转向学习美国

1. 20世纪60年代初与20世纪70年代初的自主研究：当时经济研究所的经济数学方法研究小组一共只有三个人，除我以外，还有张守一和甘兆熙，他们都是留苏回国的大学生。我们自主研究的问题有经济研究中运用数学方法的一般问题、社会主义再生产模式、部门联系与部门联系平衡表，以及经济计量学的批判利用等。这中间隔着一次"文化大革命"，还有一些其他的政治运动，所以，我们的研究工作是断断续续的，几乎无法进行。后来我的一些研究成果统一收录在1980年由生活·读书·新知三联书店出版的《经济数学方法研究》一书中。

2. "经济数学方法"的命名与翻译苏联学者的著作："经济数学方法"的全称是"在经济研究和计划工作中应用数学方法和电子计算机"。这个名称是从苏联引进的。当时我们三个人翻译了苏联涅姆钦诺夫院士的《经济数学方法和模型》这部经典著作，后于1982年由商务印书馆出版。此外，我们还翻译了苏联、波兰、匈牙利、捷克等国家的有关部门联系平衡表的一批论文，后来这些译稿汇集成《投入产出法文集》出版了。

3. 赴美进修（1980～1982年）：在这期间我在美国写了一本书——《经济数量分析概论》，由中国社会科学出版社出版，另外，我还访问了全美14个科研单位、大学和企业的50多位著名学者（如阿罗、萨缪尔森教授等）并写成一份题为《发展经济预测和政策分析》的调研报告，受到原国家计委经济预测中心的重视和推崇，上述报告中的经济预测部分内容以论文形式发表在《人民日报》上。

4. 克莱因教授与经济研究所合作的颐和园经济计量学讲习班及其影响（1980年）：1980年夏，以克莱因为首的七位美国经济学家在中国社会科学院经济研究所的组织下，在颐和园举办了为期七周、有一百名左右的中国学员参加的经济计量学讲习班，这个讲习班影响很大，为中国培养了一批学术骨干。为了纪念讲习班举办 20 周年，中国社会科学院还出版了一本论文集——《数量经济学发展前沿》。

（三）改革开放和发展是我国数量经济学兴起的推动力

1. 决策和预测、研究和管理的巨大需求，催生了 20 世纪 80 年代上半期我国数量经济学的第一个高潮。在改革开放初期，由于决策要科学化、民主化，经济计划需要经济预测，经济研究方式需要数量化，经济管理需要现代化，正如恩格斯所说的，强大的社会需求远比一百所大学更有力量。上述社会需求有力地推动了我国数量经济学的兴起。

2. 当时国务院领导关于上送报告要求定量化的指示，规定所有报告必须有数字和数量分析，没有的一概退回，这从行政上有效地促进了业务部门对经济数量分析的高度重视，从而为我国数量经济学的推广和应用创造了有利条件。

3. 在我国数量经济学兴起的第一个高潮中，两个最大的亮点是：投入产出分析的推广应用和经济预测的普遍发展。当时从中央到地方乃至企业广泛编制投入产出表，其规模在世界上仅次于日本。经济预测工作受到各级计划部门的高度重视，涌现出一批经济预测机构。由于从事这些工作的干部了解全面的综合情况，容易受到领导的重视和提拔，因此有不少从事经济数量分析的干部和学者在我国的实际部门中扮演了不同的领导角色。

4. 经济研究从传统研究方式开始转向现代研究方式。在改革开放以前，我国的传统经济研究多为定性的研究，对经典著作和党的政策进行阐释和宣传缺乏定量分析、实证的和经验的研究，往往不重视研究方法和方法论。我曾于 1986 年在《中国社会科学》杂志上发表过一篇论文——《数量经济学与现代经济科学的发展》，认为数量经济学是经济学的一个新分支，它须以经济理论为基础，同时它又能促进传统经济研究向现代经济研究转变，经济研究方式转变的需求是我国数量经济学发展的一大动力。

（四）我国数量经济学发展得益于几个条件

从过去的发展看，我国的数量经济学发展得益于很多有利条件，这些条件都是很重要的，这里主要讲以下六个条件：

1. 全国性的研究会或学会组织：1978年我们就成立了由七八个人组成的中国经济数学方法研究会。一年多以后扩大成为有二三十人参加的"中国数量经济研究会"。20世纪80年代中期又改名为"中国数量经济学会"，并不断壮大起来。这个组织是非常重要的，它起到了团结、组织、动员学界和扩大学界影响的作用。

2. 特定的研究基地：从经济数学方法研究小组到数量经济研究室，再到数量经济与技术经济研究所，这是在中国社会科学院系统发展起来的。后来在清华大学、吉林大学、华侨大学以及其他高等学校都有了研究数量经济学的单位和队伍。其中清华大学、吉林大学、华侨大学就取得了把数量经济学作为国家重点学科的资格，吉林大学还成为全国高校系统的数量经济学研究基地。

3. 有吸引力的学术园地：园地是发表研究成果的刊物，也是发现青年研究人才的场所。1983年我们创办了《数量经济技术经济研究》杂志，一直延续至今。可惜当时创办的《数量经济与技术经济译丛》中途停办了。希望今后创办更多的和有更大影响的数量经济研究专业期刊。

4. 专业研究生培养制度：从1979年开始我们培养投入产出分析方面的硕士研究生，1984年中国社会科学院建立了第一个博士点，后来吉林大学、清华大学、华侨大学等相继有了数量经济学的博士点。建立和健全培养硕士和博士的研究生制度，为培养高水平的数量经济专业人才所必不可少。

5. 有一定质量的教材、专著和其他出版物：最早中国数量经济学会曾委托南京大学、武汉大学的教授分别编写经济计量学、经济预测学和决策技术方面的教科书，此后又鼓励和支持有关高校和教师撰写数量经济学各个方面的教材和专著。我们还组织力量出版了经济学大辞典中的《数量经济学》卷。这就使数量经济学在整个经济学中有了自己的学科地位。

6. 广泛的国际交流与合作：1983~1985年我们曾组织数量经济学代表团访问日本和澳大利亚，还出版了相应的访问成果。一开始，我们就同美国克莱因教授创立的 Link 组织建立了牢固的学术联系，不断地派年轻学者去参加有关的国际会议和进行为期两年的访问学习，除克莱因外，诺贝尔经济学奖获得者列昂捷夫等教授都应邀访问过我国。广泛的国际交流与合作，是促进我国数量经济学国际化发展的必要条件。

二 令人喜悦的今天

（一）新一代学术带头人在推动我国数量经济学发展中的努力和成就可圈可点

我算了一下，至今我国数量经济学界大约已有四代人，目前起领导作用的是第二代，如中国数量经济学会理事长汪同三，还有第三代和第四代，几乎都在担任中国数量经济学会副理事长、常务理事。他们中间的大部分学者是从国内成长起来的，但他们在学术上也有广泛的国际联系。另外，有相当一部分学者是从国外学成归来的，如在《经济研究》2007年第5期发表《计量经济的地位、作用和局限》一文的洪永淼。其他归国学者多数分散在清华大学、上海财经大学等高等学校。他们的人数正在逐步增长中。

（二）从中国数量经济学会的发展及其学术年会的盛况和年会文集看我国数量经济学的繁荣

中国数量经济学会从1982年的第一届到现在的第九届，组织越来越发展，队伍越来越壮大，学术活动也越来越频繁。以前每隔两年开一次学术年会，现在每年都开学术年会，参加年会的人数还多达五六百人，每次都有国外学者参加，特别是有诺贝尔经济学奖获得者参加。讨论的问题越来越广泛。每次年会的承办单位遍布各省市，各高校也踊跃争取承办。

学术年会的论文集日益规范，每次出版一本，从2001年起，统一定名为《21世纪数量经济学》，该系列文集已出版了七集。从这七卷本的内容看，十分丰富，且有一定的水平和质量，为数量经济学界的青年学者所喜爱。

（三）从《经济研究》发表论文的结构变化看我国数量经济学融入主流经济学的情况

以往我国的《经济研究》与《数量经济技术经济研究》在内容和风格上有很大差别。但现在已越来越接近，有些文章均可在这两个刊物上发表。现在的《经济研究》主编刘树成就是学数量经济学专业出身的。

根据对《经济研究》2005年第4期成九雁、秦建华的《计量经济学在中国发展的轨迹》一文的分析我们可以看出：

1. 1979~2004年《经济研究》3902篇论文中数量分析文章大量增加，超过了全部论文的85%，它们以精确的量化分析替代了模糊的文字描述。

2. 应用经济计量学的论文在1979~1991年数量还不多，1992~1999年明显增多，增速加快，2000年以后比重迅速提高，其数量超过以往20多年的总和。

3. 运用经济计量学作结构分析的占多数，所用数据有3/4为公开的统计数据，应用的模型中经典模型占52%，应用的估计方法中最小二乘系列方法占78%。

4. 1986~2004年应用经济计量学的论文在《经济研究》和《经济学季刊》中各占40%，在《金融研究》和《管理世界》中各占20%，其数量却是逐年增加的。

5. 同《美国经济评论》相比，仅就发表应用经济计量学论文的数量看只差10%左右，但论文水平和质量差距仍很大。

6. 从研究主题和应用目的看，数量经济学已融入我国经济各个层面的研究，其中金融领域居首位，占1/3左右。这为发展金融计量学、数理金融学创造了有利条件。

（四）从高层国际会议在中国召开看我国数量经济学国际影响的扩大

1. "世界经济计量学会"2006年远东会议（FEMES）于2006年7月在清华大学召开，这是"世界经济计量学会"自成立以来第一次在中国举办国际学术会议，有36个国家和地区的410位学者参加，是40多年来远东会议规模最大的一次。

2. 1993年9月联合国世界模型连接国际会议（秋季）在北京召开，由国家信息中心承办。隔了差不多14年时间之后，联合国世界模型连接国际会议（春季）又于2007年5月在北京召开，由中国社会科学院承办。这在发展中国家是不多见的。

三 催人奋进的明天

（一）与发达国家特别是美国同类学科相比，我国数量经济学还较落后，整体差距约几十年

1. "数量经济学"这个名词，美国在20世纪50年代也曾用过，当时美国密歇根大学有个数量经济学讲习班，主持人就是克莱因教授。所说的数量经济学不限于计量经济学，还包括广义经济数量分析中的其他非计量理论、方法及其应用。

2. 在理论、模型、数据、方法、计算技术（特别是软件）、应用等各个环节，我国均须急起直追、不懈努力。

3. 从1969年至今的38位诺贝尔经济学奖得主，分布在五个专业领域，它们是一般均衡理论、宏观经济学、微观经济学、相关

交叉学科、经济分析新方法，尤其是最后两个领域的获奖者，几乎都是在美国从事数量经济学研究的经济学家。如列昂捷夫、克莱因、赫克曼、迈克万登、纳计，等等。

（二）21世纪我国数量经济学需要适应两个潮流、看准五个方向、抓住三个重点

1. 两个潮流，即经济全球化、全球信息化。
2. 五个方向，即向全球经济延伸、向新经济进军、向金融数量分析扩展、向管理现代化献计、向经济实验室探索。
3. 三个重点，即抓应用、促发展，在注重应用研究的同时，重视基础理论研究和方法技术研究。

（三）采用以中国化为主体、国际化和信息化为两翼的发展模式

1. 中国化：从中国实际出发，解决中国改革开放和科学发展问题，促进有中国特色的数量经济学的建设和发展。
2. 国际化：扩大国际交流与合作，向国际规范靠拢，引进来，走出去，提高我国数量经济学的国际地位，扩大我国数量经济学的国际影响。
3. 信息化：改进数据库，建立数据和模型的信息系统，开发应用数量经济分析软件，建立数量经济研究网络。

（四）未来发展前景远大，须有中长期发展规划

1. 历史表明，1978~1980年以及1978~1985年国家"经济数量方法"研究的"三年规划""八年规划"，对我国数量经济学在"六五"和"七五"期间的发展曾起过重大作用。
2. 我国数量经济学发展在新时期应有中长期发展规划，并使其同《中华人民共和国国民经济和社会发展第十一个五年规划纲要》相适应并为之服务。

3. 未来发展重在应用、贵在人才。我国数量经济学要在应用中求发展，在重视理论数量经济学的同时，更要强调应用数量经济学的重要性。人才是根本，这不用我多说。要培养人才，引进人才，用好人才，人尽其才，发展才有保障。

（2007 年 7 月）

12 企业的社会责任研究

一 企业有没有社会责任

企业的社会责任（CSR）这一概念早在 1924 年就由美国学者谢尔顿（Oliver Sheldon）提出过，指的是企业对影响其他实体、社会和环境的自身行为应负有责任，之后该概念随着企业社会责任运动的兴起而得到发展。

哲学和经济学上出现于 16~17 世纪源远流长的社会契约理论，为理解企业的社会责任提供了分析框架，企业是通过与社会建立契约关系而获得合法性的，企业的社会责任由一系列契约所规定，它有义务遵守其行为符合社会期望的规则。

20 世纪 80 年代兴起的企业社会责任运动，因经济全球化而不断扩大影响，其背景有劳工运动、人权运动、消费者运动、环保运动的高涨。在这种情况下，1997 年欧美一些国家联合推出"企业社会责任"的国际标准，联合国 1999 年提出了国际企业的《全球契约》，并推进了企业生产守则运动。2002 年世界经济峰会还发出履行企业社会责任的呼吁，认为企业社会责任是企业核心业务运作不容忽视的重要部分。国际贸易中还存在 SA8000 企业道德规范及社会责任的标准。

《财富》《福布斯》等世界著名杂志在世界企业排名评比中,就将"企业社会责任"这一项作为评分的标准之一。目前全球已有一百多个国家的 3500 多家企业和社会机构加入《全球契约》,其中就包括中国的 76 家企业,中远集团还在联合国全球契约的典范榜榜上有名。

我国自 2005 年中欧企业社会责任协会论坛召开以来,也掀起了关注企业社会责任的热潮,2006 年中国文化促进会等单位的评选活动凸显了我国企业社会责任的重要性。

近几年来,我国时常出现矿难、私招童工、虐待农民工、出售有毒食品、滥采资源、严重污染环境和破坏生态、外贸出口因质量不符合国际标准屡遭退货和召回等事件,均与社会责任严重缺失有关,极大地玷污了"中国制造"的商誉。

企业承担社会责任,并不是要求我国企业像改革开放前那样实行"企业办社会"致使企业职能错位,而是在增加利润的同时造福于社会,这从长远来看还有利于企业内聚人心,外树形象,实现可持续发展。

重视企业的社会责任,既有利于改善我国企业形象,摆脱国际贸易中受制于发达国家的被动局面,又能加强在华跨国公司和其他外资企业在我国更好地履行社会责任的监督与管理。

二　企业有哪些社会责任

一般说,企业的社会责任包括企业对其利益相关者所负的责任。企业在创造利润向股东负责的同时,还对员工、供应商、消费者、所在的社区(或地区)和社会(包括国家)以及所处的自然环境负有责任。企业的行为,以"利己"与"利他"相统一为原则。

企业的社会责任不是一成不变的,会因时、因地而异。时代越前进,国家越发达,对企业社会责任的要求也就越高。其范围和标准还会伴随着行业的不同而有所差别。

企业的社会责任有商业层面与非商业层面之分，前者如遵守商业规则、商业道德等，后者如公益活动、慈善事业等。企业应善用"道德资本"（社会资本的一种表现），改善企业形象，造就企业文化。

企业要想处理好与社会的关系，必须提高社会契约的履约率。违约就是失信，会影响企业的声誉，社会契约有显性与隐性之分，前者如法律、规章、制度、政策等，后者如社会规范、风俗习惯、各种承诺等。

三　企业为什么要承担社会责任

企业不是单纯的经济组织，不能"唯利是图"，追求利润的最大化不等于完成了企业的社会责任。企业行为的外部不经济，不利于实现社会的帕累托最优，损人利己有违社会公德。

企业是社会的企业，社会是个大系统，企业只是其中的一个元素，社会的企业理应为社会服务。破坏社会的和谐与稳定，必然会损害企业的生存和发展。

自然环境与生态是人类生存和企业发展的外部条件，企业作为人际组织，有义务维护人与自然的和谐发展，绝不能破坏自然环境和生态，"断子孙的路"，使企业自身处于不可持续的状态。

优胜劣汰、弱肉强食、适者生存的生物进化法则，虽然在企业竞争关系中有所体现，但不能机械地将它套用于社会进化过程，在这一过程中更需要合作和团结，弘扬社会正义，扶贫助弱，奉献爱心。

企业承担社会责任，绝不会改变企业的性质，更不会使企业成为变相的政府部门，即使是富可敌国的跨国公司，也不会变成"企业帝国"而威胁国家权威，相反，能使企业正确处理当前增加成本的压力与未来获取利润的预期之间的关系，克服近视和短期行为，放眼长远，在社会公众中树立威信、赢得美誉。企业的未来常常决定于企业回应公众期望的质量。

四 企业怎样履行社会责任

企业要跟上时代的步伐，增强社会责任的意识和观念，认清社会主义市场经济也是一种与契约文化相结合的契约经济，只有自觉、自愿地接受社会契约，进入受约束的状态，才能通过认识必然，赢得自由，勇于承担社会责任，在履行社会责任中引领企业前进。

企业要远近结合，把增加经济效益与履行社会责任统一起来。经济效益越好，越能承担范围更广、标准更高的社会责任。出色地履行社会责任，反过来又能促进企业绩效的提高。企业应力求这两者的良性互动。

企业要把社会责任问题提上企业管理日程，纳入企业战略规划，规范企业行为，为经济和社会的完善更好地尽义务。

企业履行社会责任还须有政府和非政府组织的配合，政府要制定和颁布既符合我国国情又向国际靠拢的企业社会责任标准体系，健全相关法律和法规，加强监督和管理，扩大宣传和教育。行业协会和其他社会团体也要通过评选先进、举办论坛、发表相关信息等活动，鼓励企业承担和履行社会责任。此外，媒体与公众的监督作用也是不可忽视的。

（2007 年 8 月）

13
企业的社会资本及其重要性

一 企业的资本及其存在形态

资本是借以创造价值的价值,不存在没有资本的企业。

企业的资本是"财货"还是"关系";要从价值增值过程中人与物以及它们各自间的相互作用来理解资本的含义。

资本有三种继起发展的存在形态:物质资本、人力资本、社会资本。

二 社会资本的提出与多角度研究

1980年法国社会学家皮埃尔·布迪厄(Pierre Bourdieu)最先提出社会资本的概念。20世纪80~90年代,美国等其他国家一批社会学家、经济学家、管理学家以及政治学家对社会资本进行了多学科、多角度的研究。

社会资本被认为是基于信任和网络的受制度和文化影响的能促进合作和提升效益的人际关系的总和。它至今已成为企业发展的重要话题,解释企业持续发展的理论以及探索组织和社会发展的有效方法。

20世纪90年代还出现了对社会资本从其概念层次、构成要素进行测量的两种方法,如局部网络分析法、整体网络分析法等,以及把这两种方法结合起来的综合测量方法,世界银行就采用过第三种方法,即测量人们之间合作行为实现程度的方法,对社会资本作了测量。

三 社会资本的特性与功能

(一) 社会资本的特性

企业不同层次、不同角度的社会资本,均有信任与网络的两根支柱,信任的强弱和久暂、网络的大小和疏密,决定社会资本的规模和丰裕度。

结构要素不同的企业社会资本,无论是基于组织的制度型,还是基于非组织的关系型,或者是基于文化的认知型,都靠"继承"和"自致"来发展,凡用则进,不用则退。

信任是合作的润滑剂,网络为合作提供平台,企业的社会资本促进企业内部的合作与团结,又改变企业外部的单纯竞争为合作竞争或竞争合作。

物质资本会因企业经营亏损而销蚀,人力资本会因企业管理不当而流失,社会资本却会随着企业生命的延续而不断积累导致价值增值,具有持续性,还能放大物质资本、人力资本的作用,而使它们提升价值。

社会资本作为扩大的人际关系意味着现实的生产力,它为企业内部的个人间、群体间,以及个人、群体、整个企业三方两两相互间,交流和共享信息、知识,扩散和传授技能、经验创造条件,也为企业与其利益相关者改进关系、实现共赢创造条件。

与物质资本、人力资本多为私人品且具有独占性、排他性不同,社会资本则为公共品或准公共品,具有包容性、可让渡性,企业的外部社会资本尤为如此。

（二）社会资本的功能

1. 配置资源：物质资本把资源限于物，人力资本把人视作重要资源，社会资本则以人为主体，更好地利用企业所有的资源，还利用非企业所有的社会资源，它使利用的资源不限于自己拥有的资源。如果说市场是配置资源"无形的手"，政府是配置资源"有形的手"，那么社会资本就是以信任为前提，通过网络有形和无形地配置资源的"第三只手"。

2. 提升能力：有信用、可信任、高声誉的企业，对内能增强凝聚力，对外能提高公信力。社会资本是改善企业素质和提升企业能力的有力工具。企业的核心竞争力和综合竞争力有赖于在竞争、合作过程中发挥社会资本的作用，实现多主体、系统、动态、集成的企业价值创新。

3. 促进创新：企业社会资本有利于知识的发掘、转换、扩散和共享，使网络成员相互信任、积极参与、加强互动和协同，易于产生集体荣誉感和自我实现的成就感。它是激励创新的强大动力。

4. 降低成本：通过信任和网络减少交易的不确定性，提高履约率，节约信息搜寻支出，使交易费用与企业总成本更低。

5. 增加产出：社会资本的生产功能表现在与生产要素由于员工士气提高和企业管理改进，得以有效利用，产出的品种、数量和质量也能向有利于企业赢得竞争优势的方向改变和发展。

6. 扩展视野：企业社会资本的研究极大地扩展了企业管理的视野，把企业管理置于社会关系网络中，使其更能不断地调整内部，适应外部环境的变化。

四 改进社会资本管理，创建和谐企业与和谐社会

1. 社会资本需要管理，信任是网络的纽带，网络是信任的放

大镜。发展信任网络不能没有有效的管理。企业讲信用、重信任、有声誉，建立和扩展网络，维护和优化人际关系，每个环节都应有相应的管理，使社会资本的作用能顺利发挥。

2. 互动、协同与和谐是社会资本发挥作用的突出表现。企业和谐万事兴，社会和谐祖国强。正确处理个人与集体、自由与纪律、民主与集中、公平与效率、科技与文化的关系，提高信息透明度、公众参与度，为创建和谐企业、和谐社会而促进社会资本的管理。和谐企业是和谐社会的基础，和谐社会是和谐企业的前提。

（2007年8月）

14
用知识管理提升企业竞争力

一 全球化与信息化的新形势

全球化与信息化是推动当今世界前进的两大车轮。全球化为信息化的推广、普及指引方向,而信息化则使全球化的快速深入发展有了可能。

从全球化来看,虽然因其"红利"未能惠及各国弱势群体,甚至他们中间一部分人的利益受损,而遭到不同程度的抵制和反对,但其潮流势不可挡,使各国间相互影响和依存的程度日益提高,也使欧盟、北美、东亚等地区的一体化有所发展。全球化使得世界变得更小、更平了,信息流、物资流、资本流、技术流、人口流,以及商品流或服务流,在国家与国家之间虽然仍有各种各样的限制和障碍,但它们的流量和流速,确实达到空前的地步。

近几年来,全球化发展出现了一些新的特征和问题。这主要表现在:

1. 个别超级强国的单边主义不得人心,而世界发展的多极化、多元化、多样化趋势日益明显。这与一批发展中国家的逐步兴起有关。例如,在工业强国 7G(美、日、德、英、法、加拿大、意大利)之外兴起了 Golden – BRIC 四国(巴西、俄罗斯、印度、中国）和 New VISTA 五国（越南、印度尼西亚、南非、土耳其、阿根廷）。还与美国经济实力开始走向相对弱化有关。例如，美国居民储蓄率过低、外贸和财政双赤字、次级信贷危机蔓延、美元贬值趋弱、整个经济增长放缓和出现衰退，等等。尽管美国的全球竞争力仍居世界首位，但新兴国家全球竞争力的提升速度十分显著，如中国 2007~2008 年的全球竞争力已从 2006~2007 年的世界第 54 位提升到第 34 位。

2. 全球信息社会（或网络社会）不同于传统的农业社会和工业社会，对主权国家及其管理提出了严峻的挑战，使其决策和决策后果面临全球不确定性的冲击，许多问题尤其像全球气候变暖等这样复杂的人类共同问题，其解决不能不跨越国家，依靠国际的协调和协同，与此同时，各种国际组织的作用不断强化，跨国的非政府组织也就应运而生。

3. 突破国界限制的首先是企业及其生产经营活动。传统的跨国公司或多国公司正在向全球公司演进。它们是全球化（主要是经济全球化）的弄潮儿，不仅是现阶段全球化的重要表现，而且也是推动全球化发展的主要原因。全球公司的主营业务日益多元化，它们主抓研发和营销两个环节，而把其他一般性生产经营活动外包给遍布世界各地的关联企业。它们还从事资本经营，促进企业跨国并购，通过股权置换相互持股。全球公司引领世界经济社会发展，对各国的影响快速增大。

4. 在全球产业转移和重组的过程中，非全球公司的一般性企业，可以用特殊的方式（如贴牌生产等）从特殊环节（如制造等）嵌入全球价值链（GVC）以延伸自己的价值链，促进本国或本地区的产业集群、产业创新和产业升级，达到提升企业全球竞争力的目的。全球价值链由全球商品链（GCC）发展而来，指的是在全球范围内从产品的设计、生产、使用直到报废的全部生命周期中所有创造价值的活动网络。其中，每一个价值增值环节都应放到世界上效率高、成本低的企业中去。引领全球价值链的企业有生产者企业，也有购买者企业，它们须不断改进对整个价值链的治理。

5. 在全球品牌竞争时代，企业品牌发展战略的国际化、全球化趋势加强。在全球市场，有40%的份额被世界品牌中3%的品牌所占领。人们常说，一流企业卖品牌，二流企业卖技术，三流企业卖产品。国际上，收购品牌累见不鲜，恶意抢注品牌、设法扼杀本土品牌时而有之。企业走向全球，不靠品牌是走不远的。

从信息化来看，发达国家进入信息社会和发展中国家面向信息社会的呼声日益高涨，国际电信联盟（ITU）选定每年5月17日为全球信息社会日。经济合作发展组织（OECD）制定了衡量信息社会发展的指标体系。我国正处于信息化起步阶段，但已通过了2006~2020年国民经济和社会信息化发展战略。

近年来，在全球信息化发展的过程中，有以下几点值得我们关注：

1. 由于信息技术的渗透性，信息化同经济、政治、社会、科教文卫体、军事，以及生产和生活等人类各种活动相融合，达到提高活动效率和降低活动成本的目的。在我国，党的十七大把信息化、工业化、城镇化、市场化、国际化的融合，作为坚持科学发展、建设和谐社会、实现全面小康的重大方针。在全球范围内，数字化、网络化、智能化的潮流滚滚而来，e（电子）化、m（移动）化，u（无处不在）化一切，成了各国的时尚。

2. 作为高科技产业代表的信息产业与作为新经济的知识经济，经过21世纪初的调整之后，走上了与传统产业、传统经济相结合的健康发展道路，"重振雄风"使先进制造业、现代服务业和以知识为基础的经济在产业结构调整、经济发展方式转变中的作用逐步增大。

3. 联合国与其他一些国际组织如国际电信联盟等，长期致力于信息通信技术（ICT）在全球的推广与应用，提出了一系列世界信息社会或信息经济的报告，旨在以ICT促发展，扩大移动通信、互联网、电子商务、电子政务的影响，造福于发展中国家和各国弱势群体。

4. 信息技术投资与生产力提高的生产率悖论，或称索洛悖论，经过30多年的争论，已基本消失。无论在宏观的国家层面，还是在中观的产业层面，或者在微观的企业层面，信息技术投资通过信息技术产业本身效率的提高，以及信息技术资本深化对用户的作用和对其他资本存量、劳动力的影响，在提高生产率方面有明显的正作用，但由于测度错误、时间滞后、收益的再分配或转移、管理水平跟不上，往往会使生产率增长得不到正确的反映。当然，不同的国家、行业、企业会因它们的条件各异，而使信息技术投资与生产率提高的关系变得十分复杂。但加强对信息技术投资的政策支持是非常必要的。

5. 国家间、地区间以及同一国家内部不同群体间存在的数字鸿沟（信息和知识的差距）正在随着信息化的不平衡发展而逐步扩大。数字鸿沟是在工业化的不平衡发展导致经济鸿沟（收入和财富的差距）的基础上产生的，反过来又会促进经济鸿沟的扩大。数字鸿沟与经济鸿沟一样先扩大、后缩小，其发展过程呈倒"∪"曲线，如"∩"状，但不会被消灭。发展中国家在缩小内外部数字鸿沟的同时，应先偏重于缩小内部数字鸿沟，这有利于调动因和谐发展而产生的内部力量，进一步缩小与发达国家之间存在的外部数字鸿沟。一些国际组织关于架起发达国家与发展中国家之间的"数字桥梁"的呼吁和行动，是值得高兴的，因为它有利于缩小全球范围的数字鸿沟。

二 从信息管理到知识管理的发展

在全球化与信息化的背景下，企业的信息管理和知识管理在整个管理中的地位日益凸显。这两种互有联系的管理既不同于职能管理（行政管理、人事管理、财务管理等）或流程管理（研发管理、生产管理、营销管理等）、单项管理（项目管理、外包管理等）或综合管理（战略管理、品牌管理等）而独立存在，又渗透于上述各种管理并为之服务。在现代企业中还出现了CIO（首席信息官和 CKO（首席知识官），他们参与企业高层领导及其决策，在执行中起协调作用。

从历史角度看，信息管理先于知识管理。知识管理是在20世纪80年代中后期才出现的，而信息管理的兴起还要早二三十年。这指的是现代信息管理，至于传统信息管理则可追溯到古代的记录管理。

从逻辑角度看，信息管理是知识管理的基础，知识管理是信息管理的发展。当信息管理发展到最高阶段时，就会进入知识管理。信息管理中的部分内容，如信息咨询服务等虽然为知识管理所包容，但信息管理仍会独立存在。知识管理须有信息管理的支持与配合，如提供各种信息资源，尤其不能没有现代信息系统的保障。

知识管理与信息管理既有联系，又有区别。其区别表现在：①信息管理偏重于信息资源的收集、加工、传递、储存和利用，而知识管理偏重于知识的获取、传播、运营、共享、应用和创新，特别是人才资源的管理，以发挥专业知识的作用和调动知识员工的创造性。②信息管理偏重于对编码型显性知识的管理，而知识管理偏重于对意会型隐性知识的管理，重视智力资本和无形的知识资产。③信息管理注重于信息技术的配置、运用和集成，促进信息交流和共享，而知识管理注重于组织学习、企业文化，促进知识转化、让渡和共享，把创新放在更突出的位置上。

在知识管理中，应着重解决若干主要问题，如：①知识悖论，即知识产权的适度保护问题，在保护知识产权与促进知识共享之间寻找均衡点。②知识资产与知识资本的经营，即专利、品牌、商誉等无形资产如何增值的问题。③知识员工的特殊激励机制和分配方法，这关系到知识员工积极性的发挥和生产率的提高。④知识共享效率的提高问题，在企业内部员工间、群体间以及他们与组织间增进知识共享，使知识发挥更大的作用，甚至把企业外部有用的知识变为企业自身的财富。⑤促进知识转换，在知识转换中再促进知识创造。知识转换不同于同一种知识的转移和扩散，而是不同类型或同一类型知识的内容或形式的相互转化。⑥为知识创新提供条件和创造环境,在知识更新加快的情况下,引导和推动知识创新,以实现知识管理的目的。

知识管理绝不限于对知识本身及其相关事物的管理,更重要的是用知识或智慧进行管理。智慧是知识的激活和运用。知识管理首先是与信息时代管理范式(如定制生产、低库存或零库存、绿色制造、网络营销、虚拟合作等)相适应的一种新的管理理念,它贯穿、渗透、融合于企业管理的方方面面,能提高管理的有效性和增强企业的竞争力。知识管理主要依靠的不是技术,包括信息技术、网络技术、智能技术等,而是人和人才、组织学习和企业文化。

三 知识扩散与知识转换是提升企业竞争力的关键

提升竞争力是企业为生存求发展的永恒主题。企业竞争力是由诸多因素决定的。这些因素包括企业制度(决定竞争力的前提)、企业文化(产生竞争力的动力源)、企业资源(竞争力的物质基础)、企业能力(提升竞争力的关键)和企业管理(在竞争力的提高中起纽带和保障作用)。把上述各种因素分析一下,可以发现决定企业竞争力的基本原子无非是资源、技能和知识。由于资源的开发、利用和整合要靠知识,而技能的获得、保护和发展也要靠知识,所以知识是决定竞争力最基本的"DNA"或元素。

知识有存量和增量之分,存量的大小和增量的多少,互有关联。知识作为成果是静态的,作为过程是动态的,知识的作用是在它的运动或应用过程中发挥出来的。知识有生命周期,从生存到老化的间隔在不断缩短,亦即知识的更新在不断加快。根据上述的知识特性,怎样把知识用到自主创新能力的提高上去,成为企业提升竞争力的关键环节。

这就需要考察知识运动的两种方式:

1. 知识扩散(让渡或转移):知识从供给方转到需求方,能使后者作为知识接受者从中受益。例如，某企业从其他企业引进技术，获得新的技术知识，以提高自身竞争力。

2. 知识转换：隐性知识与显性知识之间以及两者各自间进行的知识转化，从而创造出新的知识。日本学者野中郁次郎建立的知识转换 SECI 模型，包括四个过程：①从隐性知识到隐性知识的转换，即知识的社会化（S），如师传徒受，它也是知识扩散，但扩散的不是显性知识，而是隐性知识，如经验技巧等。②从隐性知识到显性知识的转换，即知识的外部化（E），如著书立说。③从显性知识到显性知识的转换，即知识的集成化（C），如归纳演绎。④从显性知识到隐性知识的转换，即知识的内部化（I），如学习认知。上述四个过程的结合，更能促进新知识的创造，提升企业的自主创新能力。

前述的知识运动或流动存在于企业内部的个体间、群体间、个体与群体间，以及它们各自与整个组织之间，还存在于企业与其他企业、高等院校、科研单位等外部的各种组织之间。由于人是知识的主体，也是知识最重要的载体，知识流动总是与人际关系交往、合作研讨、教学和培训等活动连在一起的。

知识扩散的广度和深度、知识转换的频度和维度，直接影响企业的自主创新能力。企业通过知识扩散从外部吸收的各种新知识的途径越多、层次越深入，以及企业通过内部的知识扩散实现知识共享的程度越高，那么企业的自主创新能力也就越强。同时，企业推进各种知识转换的频率越高、复合程度越高，也就会使自主创新能力提高得越快。谁都知道自主创新能力是企业最重要、最关键和最核心的竞争力。

四 增强核心竞争力和品牌竞争力有赖于企业发展战略的正确选择

核心竞争力这个概念是从 20 世纪 90 年代开始盛行起来的。可以将其理解为竞争力的核心内容和关键环节，也可以理解为一种特殊的竞争力，具有独特性（难以复制和模仿）、内生性（植根于企业内部）、整合性（内外整合）、积淀性（有积累、底蕴和根基）、占优性（能稳居优势）等特点。核心竞争力的提高，意味着企业能建立持续的竞争优势。核心竞争力有各种表现，如核心资源、核心技能、核心知识和核心价值观，等等，但最能体现核心竞争力的，莫过于品牌竞争力，这里所说的品牌主要不是指产品或服务的品牌，而是指企业自身的品牌。这种企业品牌是独一无二的，是任何其他企业学不会、拿不走的，最能显示核心竞争力的特性。企业的自主品牌体现着企业的自主创新能力。就企业而言，品牌是其拥有的区别或领先于竞争对手的独特能力。可以说品牌竞争力是最为持久的核心竞争力。据了解，在世界品牌五百强中，我国企业只占6席，占整个份额的1.2%。这个数字表明我国企业目前还缺乏品牌竞争力或核心竞争力，无论是核心竞争力还是品牌竞争力，它们的提升除了靠创新能力、优秀人才和企业精神外，更要依赖于正确的发展战略。

人们对企业发展战略的研究已有40多年的历史。这种研究一开始就与企业谋求竞争优势相联系，如企业战略学鼻祖安索夫在公司战略管理中把竞争优势与协同效应相并列。到了20世纪80~90年代，企业如何赢得竞争优势或持续竞争优势几乎成了企业发展战略的主要内容。这从波特的竞争战略研究和普拉哈拉德等人的核心能力竞争战略研究中，可以看得十分清楚。尤其是后一种战略研究，变静态为动态，从异质的企业发掘独特的资源和能力（两者均与知识密切相关，并以知识为基础），促使企业不断地追求卓越，由内而外地去积极影响和改变环境，而与以往的战略研究由外而内地使企业被动地适应环境的思路大相径庭。

当今的企业界和管理学界有所谓的"红海"战略、"灰海"战略和"蓝海"战略的讨论。"红海"战略与价格竞争有关，意指不同企业就同质的产品进行价格战，轮番削价、相互厮杀，以致血溅商海，弄得企业血本无归。"灰海"战略与产品竞争有关，意指企业用低成本、高质量的产品参与市场竞争而胜出，利润摊薄使企业沮丧，搞得灰溜溜的。"蓝海"战略与智力竞争有关，意指企业在激烈竞争中创新思路，另辟蹊径，出奇制胜，赢得一片蓝天和"净土"，依靠经营性垄断，独享丰厚的利润。该战略因一本同名的畅销书而受到普遍的关注，自 2005 年流行起来，几乎变成了管理时尚。显然，前两种战略同核心竞争力和品牌竞争力"无缘"，是企业竞争力低下和有限的表现。只有选择最后一种创新型战略，才能引导和鞭策企业致力于培育和增强企业核心竞争力和品牌竞争力。

(2008 年 3 月)

15
管理研究中的案例研究方法

一 管理研究的理论和方法

管理科学是一门交叉科学、历史科学、实用科学,管理研究向多种学科吸收营养,崇尚人文主义,以解决问题的有用性为评价标准,属软科学研究。

管理研究以追求真理为目的,要勇于创新、挑战传统,要鼓励多种理论、多种方法的发展,要使理论、方法同研究对象相匹配。

管理研究应以理论为指导,一种好的理论具有普适性、精确性、简洁性三个特点,要在对事实的观察中检验和改进理论的假设,也要引进和改造其他科学的理论,如在战略管理研究中应用自然科学的复杂性科学理论和社会科学的社会网络理论。

管理研究中方法的重要性并不亚于理论,应选择适用的方法,实证方法远比思辨方法更适宜于管理研究,它能证实或证伪理论,但实证方法的使用必须遵循客观的原则。

理论和方法要相互契合,寻找理论与方法的契合点并不容易,须靠良好的训练和长期的积累。

管理研究以其成果总结管理经验和阐明管理历史、解释管理现象和改进管理过程、预测管理发展和指引管理方向。

二 现代管理研究和后现代管理研究

西方管理学中有现代管理研究和后现代管理研究，现代管理研究盛行于20世纪60~70年代，表现为管理理论研究的不同学派之争，后现代管理研究兴起于20世纪80年代，它研讨当代发达国家企业组织及其管理特征、组织文化，表现为一种新思潮，通俗地讲，前者是工业时代的管理研究，后者是信息时代的管理研究。

后现代管理研究不同于现代管理研究，对理性主义、人性的基本假设、管理的普适性、传统管理研究方法抱否定的、批判的态度。

后现代管理研究又是现代管理研究的继承、变迁和扬弃、发展，就"现代"概念的动态发展看，也可以说后现代管理研究是现代管理研究的新变种，现代性中就包含了后现代性。

管理学大师德鲁克在管理研究中最先提出后现代世界的概念，这比社会学家贝尔提出后工业社会的概念还要早，德鲁克呼吁应使人回归到精神价值上来。

后现代管理研究有解构论与建构论之分，解构论更多地批判现代管理理论，建构论更多地重塑新的管理理论和方法，这意味着管理学的反思和创新，因为管理范式和管理理论范式都在变化中。

多元化、多样化、个性化是后现代管理的特点，对人的主体性、管理组织的进化性、管理过程中的不确定性以及偶然性和随机性的关注，是后现代管理研究的重点之所在，知识及其重要价值在后现代管理研究中有突出的地位，人本主义与科学主义的统一是后现代管理研究的灵魂。

三 案例研究的含义

1. 与实验研究一样，案例研究是后现代管理研究的重要方法，它被人们经常使用但又不甚明了，它最早用于政治学、民族学、人类学，移用于管理学，是从哈佛大学商学院开始的。

2. 案例研究的定义：集中研究某一个单元旨在将其推广到众多单元，它要依靠非案例研究中使用的同类共变迹象，它与非案例研究存在非对立的差异。

3. 案例研究定义中所说的"单元"，是指某一特定的时点或时段内所观察到的具有一定空间界限的现象，如企业的发展状况，单元的确定视研究内容而定。

4. 案例研究方法区别于其他方法，表现在一个由单个单元所证明的共变量，并同时据此阐释范围更大的一组单元的特征，每次案例研究需要采用的案例数量可多可少。

5. 案例研究方法在分析中具有一定的模糊性，产生模糊性的原因有很多，如单元内部或单元之间客观存在的复杂性，哪个案例可作为真正样本的困难性，所有案例所说明主题的不确定性，等等。

四 案例研究的效用

1. 案例研究首先是一种关联性分析方法，它着重于描述性推论，在因果性分析方面相对不足。

2. 案例研究中主题与论据的广度应相互一致，多单元研究广度较宽，这会影响推论的界限，单一单元的研究则有深度，分析相对细致、丰富，具有差异性。

3. 案例研究中案例尤其是单一单元的案例，其可比性强，而代表性弱，甚至没有代表性。

4. 在案例研究中弄清原因的形成机制，比弄清原因引起的效果更为重要。

5. 在案例研究中分析随机的因果关系比分析固定的因果关系更为重要，但同时也就更为困难。

6. 案例研究在探索性研究中具有优势，易于提出新见解，而对论证式研究却不太合适，易于挂一漏万。

7. 案例研究中的试验在有重要意义的单一单元内进行，往往比在一般意义的多个单元内进行更有效果。

五 案例研究与典型调查的比较

1. 西方的案例研究方法与中国的典型调查方法有类似之处，但又有明显差别，从着力研究某一个对象，把得出的结论推广用于其他相关对象作参考或指导，就这一点看，案例研究与典型调查是相同的。

2. 案例研究与典型调查的不同点有：

（1）案例不具有代表性，而典型必须有代表性。

（2）对案例的研究无须系统、全面，而对典型的调查却要求系统、全面。

（3）案例作为样本只是一种参照系，会产生启示作用，而典型作为样本则成为榜样，有示范、指导作用。

（4）案例可以有很多个，可建立案例库，而典型往往只有一个，其他的非典型须照着去做。

（2008 年 8 月）

16 改革开放的回顾与见证

一 改革开放的历史与现状

(一) 历史回顾

改革开放始于1978年12月召开的党的十一届三中全会,至今已有30年的历史,这是中国走向振兴的第一个三十年。

1979~1992年的前14年,是改革开放的第一阶段,1993~2008年的后16年是改革开放的第二阶段。前一阶段从以往的阶级斗争为纲转为以经济建设为中心,后一阶段从市场化取向转至社会主义市场经济的确立和完善。

改革开放的两个阶段都是以思想解放为前提的,第一次思想解放以真理标准的讨论为契机,第二次思想解放以邓小平南方讲话作指引,以社会主义国家也能搞市场经济为缘由。两次思想解放均以实事求是为基石。

中国的改革开放是渐进式的,"摸着石头过河",改革先农村后城市,由增量到存量,从企业改革、价格改革扩展为全方位改革,开放先沿海后内地,由外贸到外资,从"引进来"到"走出去"。

中国的改革开放以发展和惠民为目标,以稳定和安全为条件,伴之以经济结构调整、发展方式转变和宏观调控改进，并重视正确处理改革和开放的关系，使之相互促进。

（二）现状分析

以经济体制改革为主的改革开放，正在向政治体制、社会体制、文化体制等全面改革开放发展。

容易改革的任务差不多都已完成，深层次改革的攻坚任务日益艰巨，这些任务一是与国内的环境、生态的保护、修复、优化有关，二是与国际关系、全球变化紧密联系，非本国力量所能单独实现。

改革开放讲究效率较易，追求公平较难，在改革开放过程中应力求为全体人民创造机会均等的环境，在改革开放成果的分配中努力使全体人民普遍受惠，惠及后代。

腐败不是改革开放的润滑剂，而是改革开放的毒瘤，须加强法制和德智双管齐下，铲除其滋生的土壤。

市场经济发展起来后，民主政治方面的改革开放被提上日程，对改革开放中的敏感问题不宜回避、拖延，而应积极面对，及时解决。

二　改革开放的成就与问题

（一）成就显著

1. 中国经济长期增长奇迹。该奇迹远胜于日本在20世纪70~80年代的国民收入倍增的奇迹。30年内中国经济平稳快速增长，年均增速达10%之多。经济总量已居世界第四位，外贸总额跃居世界第三位，外汇储备高居世界第一位。中国GDP占世界总额5%以上，中国经济对世界经济增长的贡献超过20%，人民生活经历从饥饿贫困到温饱再到小康，进而向全面小康的转变。

2. 中国改革开放模式在全球的示范作用。美国学者提出"北京共识"来挑战"华盛顿共识",关注改革开放中发挥市场无形之手作用的同时,更好地发挥政府有形之手的重要作用。重视改革开放中的学习效应,变被动为主动,变危机为契机。

3. 市场成了资源配置的主要力量。通过价格改革和市场体系建设,行政力量在资源配置中的基础地位被市场力量所取代,2001年中国加入了世界贸易组织,并在该国际组织中发挥越来越重要的作用。

4. 利益主体多元化。通过所有制改革和国企改革,出现了以国企为主导的混合经济,民营企业、外资企业、国有企业三足鼎立,国有企业通过股份制改革,公司法人治理制度日益完善,不同的利益主体在经济社会发展中,改进相互间的竞争合作关系。

5. 国家的综合实力和国际竞争力空前提高。2008年第29届世界奥运会在北京的成功召开,向全球显示了中国通过改革开放所积累的实力,表达了中国政府和人民融入现代国际社会的愿望和决心。

(二) 问题不少

1. 收入差距过大,贫富悬殊严重,社会不公突出。允许和鼓励一部分人先富起来是必要的和正确的,但先富带后富没有解决好,共同富裕的理想较为渺茫。城乡居民收入、高收入者与低收入者的差距空前扩大,基尼系数突破警戒线,少数人利用权势和钻改革开放的空隙增加"灰色"收入,非法聚敛财富,化公为私,破坏社会公平原则。

2. 失地农民、下岗职工、低教育居民等利益受损的弱势群体增多,为了维权而发生的阶层冲突和群体事件连年增多,影响社会安定。

3. 教育、医疗、住房改革滞后,成了新的"三座大山",社会保障体系建立晚又不完备,社会改革落后于经济改革,政治改革又落后于经济改革和社会改革。不仅腐败日趋严重，而且阻碍进一步深化改革。

4. 对资源、环境和生态保护不力，以 GDP 为中心，片面追求经济增长，发展越来越粗放，严重破坏经济和社会发展的可持续性。

三 改革开放的争论与前景

（一）三次争论

1. 1981~1984 年的第一次争论，搞商品经济还是搞产品经济，以确认要搞有计划的商品经济而告终。

2. 1992 年前后的第二次争论，搞市场经济还是搞计划经济，以确认搞社会主义市场经济而告终。

3. 20 世纪末到现在特别是 2004 年和 2007 年的第三次争论，争论的广度和深度以及持续时间都是空前的，内容涉及国企改革和下一步改革开放等问题，对改革开放中出现的问题及其原因有激烈的交锋，反映出利益对立，这与改革开放的利益分配不均有关。

（二）前景光明

1. 与 1978 年和 1992 年前两个阶段的改革开放不同，后 30 年的第三阶段的改革开放应进一步解放思想，用改革开放的办法解决上一阶段改革开放中出现的问题，以及由此而引发的各种新问题，问题总是越解决越多的，尤其是人际利益关系问题，包括本国利益与外国利益的关系。

2. 在深化经济改革和金融改革的同时，推进政治改革、社会改革、文化改革和管理改革，各方面改革要相互配套、协调。这就需要对全面改革进行顶层设计。

3. 在"引进来""走出去"的同时，推进国际化和全球化，变挑战为机遇,在世界大潮中兴国安邦。

4. 在改革开放中改善环境和进行生态治理,使人类和自然的关系更趋于和谐,为当代公众和子孙后代造福。

四 改革开放与数量经济学的发展

改革开放极大地促进了数量经济学的发展,数量经济学这一名称也是在改革开放初期的1979年定下来的,以前叫经济数学方法,以向苏联学习和引进为主,改革开放后在自主研究的同时,改为以向美国学习和引进为主,可以说,数量经济学本身就是改革开放的产物。

包括数量经济学在内的经济学研究必须为改革开放服务,与此同时,经济学研究也必须改革开放,只有这样,才能适应经济和社会改革开放的需要。

经济学研究改革开放的成果表现在研究内容的变化上有:

(1) 从政治经济学简单的两分法(资本主义经济学和社会主义经济学)转向相对完整的经济学学科体系,重视新兴学科的发展。

(2) 从偏重于宏观经济研究转向以微观经济为基础、宏观经济为前提、中观经济为纽带的分工协作框架,重视经济体制和运行机制的研究。

(3) 从计划经济的综合平衡发展到市场经济的宏观调控,既发挥政府的作用,又发挥市场的作用。

(4) 从局限于确定性内容和线性均衡问题的研究转向同时关注不确定性内容、非线性和非均衡问题的研究。

(5) 从经济研究与管理研究分离、割裂的状态转变为两者密切联系和结合的研究。

经济学研究改革开放的成果表现在研究方式的变化上有:

(1) 从单纯的定性研究转变为定性与定量相结合的研究。

（2）从以规范研究为主转向以实证研究为主，重视经验研究，以及数据库的利用。

（3）从局限于抽象力的思维分析，发展到数学、统计学、经济计量学、系统论等各种横断科学的现代分析方法的应用。

（4）从电子计算机只作为经济研究的计算工具发展到算法、人工智能融入经济理论的研究。

（5）从就经济论经济的"纯经济"研究方式发展到经济学与其他社会科学、自然科学相结合，进行多学科、跨学科的研究，重视边缘学科、交叉学科的发展。

（2008年10月）

17

关于企业家创新的思考

一 企业家创新与企业创新的关系

1. 这是局部与整体的关系，又是火车头与整个列车的关系，两年多以前我们讨论过自主创新的研究与管理这一重要问题，当时只强调企业是自主创新的主体，而没有考虑企业自主创新的主体是谁和主要依靠谁。

2. 企业家在企业的地位和作用，决定了企业家创新在企业创新中的地位和作用。不同于企业的一般员工，企业家是企业最重要的人力资本，他们的创新观念、创新精神和创新活动、创新成果，对企业内其他一切创新都有决定性影响，是企业最宝贵的创新资源。

3. 有一种企业家创新理论，把企业家分为生产性企业家和非生产性企业家，并认为应促使后者向前者转变，大型企业研发资源投入多，创新主要靠研发，而小型企业更多地依靠企业家的创新性思维，企业家的教育和经历对企业家创新有决定性影响，企业家创新对中小型民营企业来说更为重要。

4. 企业内各部门员工的创新活动，对企业家创新虽然也有启发，但企业家创新往往是先验的，较多地产生于创业而非兴业活动之中，相反的，如果企业家缺少创新的精神，对创新不敏感，企业内的其他创新就会被抑制甚至被扼杀。

二 企业家创新的特色

自改革开放以来，我国大体出现过三代企业家，第一代是农民企业家，他们有梦想、敢冒险，学识不高但胆识大，会打"擦边球"；第二代是官员型企业家，有人脉关系、社会资本和网络，年轻敢闯，懂得怎么闯；第三代是专家型企业家，有知识和技术，海归派居多数，了解高科技企业和全球市场，善于利用媒体扩大自己的影响。以上三代人中有不少是创新型企业家。

企业家创新有三个特色，首先表现为战略创新，而绝非战术创新，多半形成于创业活动中，创业的企业家往往创新精神十足，有理想，好冒险，能抓住发展趋势和机会，作出正确选择或取舍，不追求完美，能进行"创造性破坏"，战略创新的障碍在于企业家守旧和丧失激情。

其次，企业家创新是一种富于情感、充满激情的非理性创新，如美国管理咨询大师彼得斯在20世纪80年代创立彼得斯集团管理咨询企业时所具有的那种变革和创新，强调用批判的眼光看待见物不见人的传统管理，他在《追求卓越》这本畅销书中崇尚开创新企业的小企业精神，不断要有新鲜招数。

最后，企业家创新主要是原始创新，非集成创新和引进消化吸收创新所可比拟，这种创新要从零开始，独辟蹊径，勇于尝试和探索，创新者必须是破除多种条条框框的"斗士"，不破不立，所创新的东西是前所未有的。

三 企业家创新的决定因素

1. 企业家的性格和气质。企业家创新的主体与载体，不是企业家手下的团队,而是企业家本身,他的性格决定事业的兴衰,他的气质决定守旧或创新以及创新的成败,企业家应有坚韧的性格和与众不同的气质,这类个人品质是长期形成的,虽然与后天因素有关,但更主要的是由先天条件所决定的,与生俱来。

2. 企业家的经历与教育。在经历中遭受磨难、挫折、失败乃至逼近绝路,是企业家在成长道路上趋向于成熟和赢得成功的最佳"洗礼",有的企业家感言:"流落街头一年,胜过读书十载",这当然不是说读书不重要,相反的,系统的教育对企业家创新来说十分重要,企业家的知识和智慧就是他们赖以创新的源泉。

3. 企业家的利益与责任。企业家创新是有利润驱动和财富引诱的,这毋庸讳言,因此在企业家创新理论中有结构、行为、绩效三位一体的研究内容,"结构"指企业家的报酬结构,"行为"指企业家的创新行为,"绩效"指企业家的创新绩效,三者循环影响,与此同时,企业家的社会责任包括企业家对本企业和整个社会的认知,明确他应尽的义务和应负的使命,也是推动企业家创新的强大动力,企业家应有"创富"精神,也应有"拯救"精神,这两种精神共同影响企业家创新。

4. 企业家创新的环境和文化。创新要有宽容的环境、和谐的氛围,应容许出错和失败,但不准马虎和降低标准,最终要成功,主观适应环境,是理性的创新,环境为我所用,是非理性的创新,创新是突然有所发现的过程,要强化创新文化及其作用,在客观世界中,企业和企业家都是变化的,唯一不变的就是变革和创新,崇尚应有的怀疑和必要的反叛,在变革和创新中发扬大无畏精神。

四 企业家创新的作用及其评价

企业家创新的微观作用,表现在能使本企业异军突起和基业长青,提高企业核心竞争力,在同行业中建立和保持竞争优势,并增进企业商誉和扩大企业影响,在企业内,企业家创新精神与企业家创新能力互补互促，但不能没有企业家创新政策的支持。

企业家创新的宏观作用，表现在促进全社会的经济增长和经济发展，使可持续发展成为可能，有时虽然有企业家创新但无经济增长，这与社会制度和政策激励有关，企业家创新毕竟有利于企业家精神在全社会的配置和实现，有利于人力资本的有效积累，通过创造变革与响应变革的相互作用，就能加快经济增长，提高全要素生产率。

对企业家创新的微观作用和宏观作用进行评价，从总体上与动态上看，几乎是不可能的，但从一定时点来计量企业家创新的具体绩效，则是可能的，比如对企业家的创新成果进行估值，加以货币化或资产化，虽然不尽精确，但完全能够做到。

（2009年2月）

18

我国经济预测发展的回顾与见证

经济预测同结构分析、政策分析一样，是数量经济学三大应用领域之一。在纪念中国数量经济学会成立 30 周年之际，有必要回顾与见证我国经济预测的发展。

一 从无到有 遍地开花

自从 1979 年开始改革开放以来，我国高度集中的计划经济逐步向有计划的商品经济、社会主义市场经济转型。转型前，市场经济以及与其相适应的经济预测，被视为资本主义社会的产物。当时在我国只有计划没有预测。1982 年 6 月，我撰文提出应在我国发展经济预测，该文阐明了预测与计划的异同以及两者的关系，还指明开展经济预测对改进计划和决策有重要作用（见 1982 年 6 月 15 日的《人民日报》第五版《发展经济预测与政策分析》）。

1982 年 10 月，当时的国家计划委员会率先成立经济预测中心，对内开展宏观经济预测，对外在经济预测方面进行国际交流和合作。1987 年 1 月，国家经济信息中心成立，翌年因邓小平同志题名为"国家信息中心"而改为后名。国家信息中心成立时把并入的原国家计委经济预测中心分解成经济预测部和经济信息部。这两个部门进一步发展我国的经济预测工作。经济信息部从事经济景气分析，用时间序列的数据和指标进行全国经济的监测和预警。经济预测部从事短期和中长期的宏观经济预测，用各种经济数学模型来预测全国经济的发展。在国家信息中心还开展行业预测，如汽车工业发展的预测和分析。国家信息中心通过组建的国家经济信息系统联合各省市信息中心的经济预测机构，还形成了全国的经济预测网络。

为了扩大对外交流、学习国际上先进的经济预测方法，1985年，国务院领导批准我国参加由国家信息中心国外顾问、1980年度诺贝尔经济学奖得主美国克莱因教授创立和领导的世界经济预测模型系统（Project Link）。随后，在我和其他两位同志的领导下，国内有关单位开始研究用于 Project Link 系统的中国宏观经济模型。1986年，国家计委派梁优彩到美国宾夕法尼亚大学 Link 中心研修，在克莱因教授的指导下，修改、研制中国宏观经济模型。1986年12月，中国宏观经济模型正式联结到世界经济模型系统之中，替代了原来由美国斯坦福大学刘遵义教授研制的中国宏观经济模型。此后，中国 Link 项目组每年两次向 Link 中心提供中国经济预测，并负责更新系统中的中国宏观经济模型。由国家信息中心输送出去的现在主持 Link 项目日常工作的联合国全球经济监测部主任洪平凡博士，对于中国宏观经济模型的研制和更新提供过很多帮助。

20世纪80年代后期，随着经济数学模型应用的普及，以及数据、信息工作的发展，从事国家宏观经济预测的单位日益增多，除了国家信息中心之外，还有国务院发展研究中心发展预测部、社科院数量经济与技术经济研究所、中科院系统科学研究所、航空航天部710所等。另外，部门预测（如外经贸预测等）、地区预测（如上海市经济预测等）、企业预测（如鞍钢投入产出分析与预测等）以及市场预测和产品预测，也有所发展和加强。

1988年9月上旬，全国首届经济预测会议在北京召开。从这次会议的盛况来看，经济预测在我国已普遍成为经济计划的前期工作和经济管理决策的重要部分，它推进了计划工作的科学化，能降低经济发展的不确定性及其影响。

从"六五"初期开始，特别是在"七五"期间，我国的经济预测工作进展顺利，成绩显著，这表现在月度经济监控、季度经济预测都已经正常化，半年度的地区经济预测逐步规范化，年度经济预测已有较高的精确性，还表现在市场预测工作全面展开，有20多个省市对10大类16种产品的供求作了预测。经济预测的机构和队伍在不断壮大，他们运用和发展了多种经济预测技术，从简单的到复杂的，常见的预测方法就有专家调查法、时间序列法、指标分析法、因素分析法等，而在因素分析法中所运用的模型就有投入产出模型、经济计量模型、线性规划模型、系统动力学模型等。

在经济预测实践发展的同时，对经济预测理论与方法的研究也有明显的进展。中国数量经济学会曾于20世纪80年代组织力量，出版了一批有关经济预测研究的成果，如《经济预测论丛》（刘树成等编，辽宁人民出版社，1986年）、《经济预测100例》（李长明等编，辽宁人民出版社，1986年）等，并委托武汉大学冯文权教授主编《经济预测的原理和方法》（武汉大学出版社，1986年），该书与冯文权教授在此前后编著的《经济预测与决策技术》（上、下册）（武汉大学出版社，1983年）、《经济预测与经济决策技术》（武汉大学出版社，1990年、1994年、2002年、2008年）是一脉相承的，这本教科书在高校教学中影响之大，从连续修订再版六次可见一斑。以上这些经济预测书籍的出版，每一本（版）都由我写了内容互异但有一定连贯性的序，指明各书的特点。

为了纪念克莱因教授运用计量模型开展经济预测的创举和业绩，美国罗彻斯特大学 M. Dutta 教授编辑出版了 *Economics, Econometrics and the LINK*（North-Holland，1995）一书，该书收录了很多国家或地区的学者撰写的文章，其中也有我和梁优彩、张亚雄合写的文章 *China's Macroeconometric Model for Project Link*。

二 从低到高 精益求精

进入20世纪90年代后，我国经济预测更加制度化、规范化。这从中央一些主要的经济预测部门的活动及其成果看，是比较清楚的。

首先，国家信息中心经济预测部每年12月向参加全国计划会议（后改为全国改革发展会议）的全体代表赠送下一年度全国（和各地）经济预测内部报告，从1992年起，每年编纂大型经济预测年度报告——《中国经济展望》，向社会公开发布年度经济预测信息。这引起社会的广泛关注。原副总理邹家华亲笔题词："搞好经济发展预测，为建立社会主义市场经济体制服务"。他们还发布其他各种经济预测成果，如《世界经济展望》《经济预测报告》《中国市场展望》《中国汽车市场展望》等。这些预测报告受到中央领导的重视，他们对报告作过多次批示，例如，1992年邹家华副总理在一期《经济预测报告》上批示："很好，此报告以后每期送总书记及李总理办公室。"

其次，中国社会科学院数量经济与技术经济研究所从1991年起每年出版经济蓝皮书，即《中国经济形势分析与预测》。该书是在每年两次的经济形势分析会上，集中有关政府部门、高等学校、研究机构的与会代表论文和意见编纂而成的。

此外，国家发展改革委员会宏观经济研究院每年也有相应的经济形势分析与预测报告。或是从内部送交党中央和国务院的领导，或是以各种形式对外发表他们的成果。

我国经济预测的水平从低到高，逐步提高。仅就前两年对经济增长率的预测质量来看，我国主要预测机构的预测准确性确实提高了。例如2006年我国实际经济增长率为10.7%，在40个国内外机构和学者2005年所作的2006年预测极不一致，准确率仅为12.5%的情况下，国家信息中心经济预测部的预测值为10.8%，相对误差率只有0.93%，一般认为，误差小于5%的预测就是准确的预测（以上评价参见《经济学动态》2007年第2期程延炜等《对我国2006年经济增长率预测准确性的评析》）。再如2007年我国经济增长率实际为11.4%，在42个国内外机构和学者于2006年对2007年经济增长率的预测差异很大，准确率仅为14.3%的情况下，国家信息中心经济预测部和中国社会科学院数量经济与技术经济研究所的预测值均为10.9%，相对误差率为4.3%，小于5%，而且是仅有的6个预测最准确的机构（包括国际货币基金组织）中的两个（以上评价参见《经济学动态》2008年第2期王立勇等《对我国2007年经济增长率预测准确性的评析》）。

为了提高经济预测的水平，须对预测工作者加强培训。培训的最好方法之一莫过于在介绍数量经济学理论和方法的同时总结推广经济预测专业人员的经验和体会。我国在国家经济信息系统从事经济预测的专业人员不下千名，为了把他们的预测经验条理化，国家信息中心曾于20世纪90年代中期组织他们编写出版《经济预测及案例分析》一书（吴维扬主编，中国经济出版社，1995年）。该书由我作序，主要内容包括6个问题：①为什么能实现经济预测；②用什么方法进行经济预测；③用什么工具进行经济预测；④有什么经济预测的好经验；⑤经济预测对计划、决策、调控、管理有什么重要作用；⑥当代经济预测科学包括数量经济学的新进展。更可贵的是，该书中有关于市场预测、宏观经济预测、战略发展预测等三个方面22个实际案例及其分析。该书在当时的经济预测培训工作中起过重要作用，即使在现在看来，仍不失为一本有益的经济预测著作。

经济预测的理论与实践具有明显的与时俱进的特性。这是因为经济活动的规律并不是一成不变的，经济发展的波动性、关联性、趋势性都会因时、因地而异。为了适应经济形势发展的新需要，经济预测工作应扩大广度，加大深度。国家信息中心在20世纪末期和21世纪初期，不断地加强经济预测的基础工作，包括经济数据库的建设和经济数学模型的研制。在前一方面，重点数据库和网络达10多个，如中经网统计数据库、房地产信息数据库、消费类电子产品零售市场监测数据库、中经专网等。在后一方面，有大型模型多个，如中国宏观经济模型、中日贸易联结模型、多部门价格模型、地区经济发展联结模型、经济景气分析和消费者意向分析模型，以及把人口、经济、环境相结合的综合数量分析模拟模型。该模型可研究环境污染与治理的测算问题。除以上两个方面外，还有集数据、模型、应用于一体的各种平台，如2006年推出的宏观经济监测、预测、分析平台，2007年推出的中国地区经济监测平台等。这些平台不仅为国家信息中心自身进行经济预测创造了良好条件，也为国内外机构和学者预测中国经济提供了各种方便。

三 排除困难 推动发展

搞经济预测，要鉴往知来，因为以往已成为事实，而未来充满了不确定性，所以"鉴往"容易"知来"难。预测中国经济的发展，存在两类困难。

第一类困难是所有预测都会遇到的一般性困难。这反映在：①经济预测不同于气象预测，作为预测对象的经济发展过程掺杂着人的意志和行动，特别是利益关系的矛盾和冲突。预测者既要注视经济过程中一切一起发生的事情和同时起作用的所有因素，又要在推论会出现什么、不会出现什么的时候保持客观的立场而不受主观的人为干扰的影响，这是不容易的。②经济预测既是科学又是艺术，为使预测可重复进行并能经受住检验，预测者必须经过专业训练并具备专门知识，造就品质优秀的高水平经济预测队伍绝非易事。

第二类困难是特殊性困难，它与中国经济及其预测工作的特殊性有关，这表现在：

1. 中国经济不同于欧、美等发达经济体，而是发展中大国的转型经济，转型过程中制度因素与政策因素的影响很大，经济发展过程中拐点多，突发事件多，虽然力求平稳发展，但是波动还是不小，甚至很大，大起大落的现象并不少见，这必然会增大经济预测的难度。

2. 中国经济一直处于改革开放的过程中，在前30年改革开放过程的基础上，进一步深化改革，扩大开放，融入全球经济的步伐加快，经济对金融的依赖增大，在全球金融危机的冲击下，经济发展的不确定性、不稳定性空前凸显，使经济预测更为困难。

3. 中国的经济预测历史短，基础差，投入不足，经济数据、预测理论和方法的支持也不够。开展经济预测费用高，效益不明显，较难保持长时期良好的预测记录。人们又满足于对经济形势的一般分析和对发展趋势的灵感性预言，不愿深入学习各种预测理论和熟悉多种预测方法。

4. 经济预测队伍较难稳定和壮大，由于预测人员了解全面情况能提出正确建议，作出一定成绩后就容易被提拔，从而离开预测队伍，而一般预测人员因工作辛苦、待遇不高，很容易流失。

任何困难都不是不可克服的。在发展我国经济预测的征途上，也要排除万难去争取胜利。为了推动我国经济预测正常、快速发展，有必要努力做到以下几点：

1. 把经济预测当作一项事业和一种职业来抓，集中力量建设好经济预测的国家队，以及遍布各行业、各地区的经济预测网络。尽管在经济模型和计算机比较普及、软件功能很齐全的今天，各个单位，甚至每一个人，都可根据自身需要，对未来的经济发展进行预测，以决定行动。但在全球化和信息化迅速发展的形势下，整个国家不能没有可靠的、成熟的经济预测作为决策和调控的依据，因而亟须加强经济预测的国家队。

2. 要发展经济预测的理论和方法。"工欲善其事，必先利其器"，不能满足于传统的经济预测理论和方法，如投入产出模型、经济计量模型等，而应学习和运用现代的经济预测理论和方法，如适应经济非线性发展预测需要的神经网络模型、小波分析理论，以及这两者结合所产生的小波网络，等等。

3. 把经济预测咨询业作为重要的现代服务业加以发展。

经济预测既要为政府服务，又要为社会服务，在前一方面，主要靠国家的经济预测组织及其网络系统，而在后一方面，则要靠经济预测及其成果的商品化和产业化来实现。经济预测咨询业的发展，反过来又会促进为政府服务的经济预测工作。

（该报告原写于2009年1月，先在2月份到华侨大学作报告，后为纪念中国数量经济学会成立30周年，征得我原来的部下国家信息中心经济预测部原副主任梁优彩的同意，由我们两人署名在纪念会上印发，由于该稿内容比先前的演示稿详尽，故采用后来的文字稿）

19 企业文化与企业管理

一　文化与企业文化

文化，在词义上为"人文教化"，其定义有100多种说法，按多数共识把文化视为人类生存和发展方式，如传统的东方文化（农业文化）、现代的西方文化（工业文化）、后现代的全球文化（信息文化）。

相对于物质文明，文化属精神文明的范畴，它包括逻辑道德和科学知识，有意识形态、行为形态和存在物形态这三种形态，文化与经济相结合而产生文化产业、文化经济等。

文化乃是一个民族、国家或社会的灵魂，它通过世界观、人生观、价值观对民众起激励和凝聚作用，它渗透于社会生活的各个方面，覆盖任何发展过程，文化繁荣成了发展的最高目标之一，文化靠历史积淀，通过传承和吸收发扬光大，它是人类文明进步的结晶，又是推动社会前进的精神动力和智力支柱。

中华文化盛衰变迁已有5000多年的历史，既要继承和扬弃，又要学习和吸收世界其他一切进步文化的成果，据2009年中国现代化研究报告称，2005年中国文化影响力指数居世界第七位（仅次于美、德、英、法、意大利、西班牙）和亚洲第一位，但中国文化竞争力指数只居世界第 24 位,属中等水平,提高文化竞争力是我国的长期任务。

企业文化是不同于民族文化和国家文化的一种重要的社会文化,企业是社会组织,它可能是跨国家的,由多民族成员组成。企业文化是企业的软实力和核心竞争力,它决定企业与其他企业的差别,构成企业能否基业长青的内因。

企业文化的产生与企业的历史和环境特别是文化环境密不可分,有什么样的企业环境,就有什么样的企业文化,在逆境中形成的企业文化往往比在顺境中形成的企业文化更有生命力,也更加卓越,企业秉持的理念,尤其是先进理念,是企业文化诞生的基础,它定格企业的核心价值,"千金易得,理念难求",植根于核心理念的企业文化根基稳、个性强、作用大,是企业经久不衰的 DNA。

企业文化是企业对顾客、员工、社会各界等利益相关者的庄重承诺,这种承诺不是一时的而是长久的,不是眼前的而是面向未来的,企业文化对内是黏合剂,它把组织的"大我"植入个体的"小我",把企业团结如一个人,做到"上下同欲",企业文化对外是感应器,它在精神上使企业与社会相沟通,把企业命运同社会命运维系在一起,做到"心心相印",这样的企业文化看似无用,实有大用。

二 企业文化在企业发展中的作用

企业文化对企业发展的作用是通过人来实现的,企业是一群人为了一个目标走到一起来完成一个人不能完成的任务,而企业文化能熏陶人、关心人、爱护人、团结人、激励人、凝聚人……用物质激励人,其作用是递减的,而文化用精神激励人,其作用则是递增的。

企业文化对企业发展产生作用的途径较多,它首先是企业发展战略的有效保证和执行媒介,通过发展战略的实施来影响企业发展，在众多企业战略学派中还有企业文化学派，认为战略是独特的集体观念，是形成集体思维的过程，适用于有文化的老牌企业。

企业文化还是企业制度管理的补充和延伸，企业发展要靠制度保障，除国家宏观管理制度外，企业微观管理制度至关重要，企业内部制度的制定、修改和实施，离不开企业文化环境及其影响，使其易于为全体员工所接受和贯彻。

企业文化具有功用价值，它能帮助企业树立以顾客为中心的服务宗旨，增强团队协作精神，促进领导人平等对待员工，追求创新，改善绩效，包括增加销售收入和企业利润以及提高企业股票市值，等等，从而推动企业发展。

企业文化还具有超功用价值，它除了改进企业经营业绩外，引导企业肩负起社会责任，对实现公平正义和推动社会进步也有巨大作用，从而在全社会塑造企业形象，使企业品牌长存，使企业的存在和发展"地久天长"，赖以保持稳定。

以美国五大投资银行之首的高盛公司为例，该公司在130多年的历史中铸就的企业文化，以坚强的团队协作精神（"只有我们，没有我"）、视公司声誉为第一生命、崇尚商业道德和个人道德修养为特征，这正是该公司长盛不衰的奥秘之所在，使之得以摆脱百年一遇的国际金融危机的困扰而成功地转型为金融控股公司。

三 企业管理渗透着企业文化

企业文化覆盖着企业管理的整个过程，而企业管理渗透着企业文化的全部内容，有不同的文化就有不同的管理，不同的管理也会造就不同的文化，两者之间是水乳交融的关系。

企业管理要讲科学管理和民主管理，而科学和民主正是企业文化的重要内容。就科学而言，要尊重客观、实事求是，按客观规律办事；就民主而言，要倾听不同意见，特别是少数人的反对意见。科学决策和民主决策是企业文化与企业管理的完美结合。

企业对研发、生产、营销等各个环节的管理，均应体现创新文化的要求，创新文化是企业文化的核心和灵魂，它促使企业各项管理不守旧、不僵化、以变应变，在变革创新中不断改进。

　　品牌文化是企业文化的综合反映，企业管理的各个环节尤其是营销管理环节，在品牌文化的显著影响下，服务于产品品牌和企业品牌的需求，为创名牌作贡献。

　　企业管理工作的一项重要内容就是建设企业文化，这是长期而又艰巨的任务，企业文化建设重在起头，贵在平时，起好头，把基础搞扎实非常重要，因为企业文化建设具有明显的路径依赖性，有了良好的开端，就可以一步一步地走下去，持之以恒，不断积累，但绝无终点，要与时俱进，持续地为企业文化注入活力，并使其增添光辉。

　　提高跨文化沟通能力，是企业尤其是跨国企业管理的重任，我国企业"走出去"，由于缺乏跨文化沟通方面的管理培训，对东道国的语言文化不熟悉，沟通有障碍，文化适应性差，沟通有效性低，在173个国家和地区的1万多家海外企业，约有65%的企业是亏损的，它们亟须增强文化适应能力和文化竞争能力。

（2009年8月）

20 全球金融危机对我国数量经济学发展的启示

一 正视金融危机对数量经济学的挑战

1. 近两年来，从美国次贷危机引发的全球性金融危机导致书籍、报刊上有大量文章发表，但全都是就危机论危机，几乎没有从经济学包括数量经济学本身去反思的，通过反思我们其实可以得到有益的启示。

2. 金融危机反映出经济学包括数量经济学的危机，对这么大的金融危机事先没有任何预警，事后又对实体经济的巨大冲击始料不及，难道我们经济学人不该反躬自问和自责吗？！务必正视面临的挑战。

二 追究经济制度的根本性缺陷

1. 2007年开始的美国金融危机远比20世纪30年代的大萧条复杂得多，其成因也很多，有各种各样的说法，但产生两次大危机的根本原因还在于制度本身，生产的社会性因全球化而加强，而私人占有性由于跨国公司的发展有增无减，贫富悬殊达到空前程度，为了刺激大众消费，只能饮鸩止渴，大搞负债消费。

2. 市场经济不同于计划经济，不是短缺经济，而是过剩经济，产品过剩，生产能力过剩，但有效需求不足，不得不"寅吃卯粮"，动员未来的消费力，从而给危机埋下祸根，一旦信用缺失，就会爆发金融危机。

三 关注经济泡沫的形成与破灭

1. 21世纪初，美国的IT泡沫破灭，网络企业纷纷倒闭，促使新经济走上与传统经济相结合的道路，随后的六七年，美国又出现房市泡沫，进而演化成资产泡沫，该泡沫最终破灭，为全球金融危机吹响了前奏曲。

2. 在经济发展的过程中，出现各种经济泡沫，如股市泡沫、楼市泡沫、金融衍生品泡沫，等等，其原因有很多，有非理性扩张的因素，也有投机行为的因素，关键在于监测这些泡沫的生成和膨胀过程，及时采取措施，加以控制，甚至把它挤破，保障经济平稳发展，数量经济学也应研究这个重要问题。

四 掌握金融与经济的协调发展

1. 20世纪的大危机开始于工业行业，波及银行使其倒闭，而21世纪的这次危机开始于银行信贷，影响到实体经济发展，金融本是经济的血液，它通过投融资活动保障经济的正常发展，但由于金融过度深化，而金融创新未得到必要的金融监管，人们不想去进行辛苦的财富生产，却沉迷于"以钱生钱"，大发横财，导致金融这种"符号经济"脱离实体经济而过度膨胀，到头来"一场空"，反而危及和破坏实体经济。

2. 数量经济学应加强研究金融与经济的关联机制和协同程度，促使金融更好地为经济发展服务，不是阻碍更不是破坏经济的正常运转。

五　研究市场有效性与政府有效性的有效配合

1. 计划经济中的危机是政府失灵的结果，而市场经济中的危机则是市场失效的结果，解救这种危机，就需要政府介入、政府干预、政府调控，甚至这次全球金融危机还得靠各国政府联手救援，尽管政府参与是有成本的，要付出一定代价，但除此别无他路。

2. 市场有市场的作用，政府有政府的作用，它们的作用有正、副之分，为避免副作用，发挥正作用，须研究市场有效性、政府有效性的范围和条件，并研究两种有效性的相互配合，这是整个经济学也是数量经济学的重要任务。

3. 从市场力量与政府力量的不同配合方式看，有美国自由市场经济模式和中国社会主义市场经济模式，有奉行新自由主义政策的华盛顿共识和坚持改革开放的北京共识，1997年东亚金融危机后，美国模式与华盛顿共识遭遇挫折和抵制，而中国模式和北京共识则受到推崇和欢迎，2007年次贷危机后，前一种模式和原则的影响进一步缩小，而后一种模式和原则在全球的影响逐步扩大，其实中国模式与美国模式是在不同历史条件下形成的，可以实行互补互利、包容共存。

六　重视亲身实践和直接经验，以补模型研究之不足

1. 数量经济学的核心是模型研究，模型是现实的抽象反映，它与真实的现实是有一定距离的，华尔街的金融家们雇用学者，搞了许多复杂的模型，推崇模型甚至到了迷信的地步，对该不该让雷曼兄弟投资银行破产倒闭，其损失也用模型加以计算，结果忽视了恐慌心理的连锁反应，这是危机过程中重大失策的教训之一。

2. 模型的理论基础即使是正确的，也只是间接经验的概括，还必须重视源于实践的直接经验，通过调查听取不同意见十分必要。

七　加强对不确定性和风险的研究，勿再迷恋于一时的均衡关系

1. 全球金融危机表明经济行为中充满了不确定性和风险，风险乃是用概率表示的不确定性，而不确定性则是无概率的随机性，危机出现之前，美国经济不均衡，如高消费、低储蓄以及经常账户和财政收支双赤字大，等等，中国经济也不均衡，如高储蓄、低消费以及进出口净差大、外汇储备超高，等等，恰好中美两国经济是均衡的，有人曾认为这种均衡关系会长期存在下去，但次贷危机一来，上述均衡被打破，不确定性和风险激增，哪一个国家也不能脱身自保，唯有中美两国在互信的基础上，确立高层战略与经济对话，才能减少发展道路上的不确定性和避免风险。

2. 数量经济学历来重视对不确定性和风险的研究，经济计量学以概率论为理论基础，并广泛开展经济预测就是证明，但在21世纪复杂的全球环境下，经济预测日益困难，小概率事件不断增多，为减少不确定性，要靠信息系统、制度建设、组织安排等，以增加发展的稳定性和可预见性，为预警和防范风险，要靠风险模型和风险管理，使风险可能造成的损失减为最小，数量经济学须结合信息经济学与风险管理学，加强对不确定性和风险的研究。

八　兼顾规范研究和理论研究，把实证研究和经验研究搞得更好

1. 数量经济学擅长实证研究与经验研究，这两种研究既有区别又有联系，区别表现在：与实证研究相对应的是规范研究，而与

经验研究相对应的是理论研究；用经验观察对现成理论或结论进行经验检验和实证的经验研究，其出现早于实证研究，实证研究则是摆脱价值判断，应用模型方法，从理论外部对某个理论或结论进行证实或证伪所作的事实性陈述；其联系表现在实证研究运用经济计量模型作经验检验或证实时，实证研究也就变成了经验研究。

2. 全球性金融危机的爆发与治理，把经济行为准则的价值判断提到了重要地位，客观现象是什么不是什么，这固然重要，但该做什么不该做什么更为重要，以及把研究结果用于政策制定上，均表明规范研究不容轻视，同时，治理危机的经验因时、因地而异，缺乏普适性，相反的，治理危机的理论具有指导意义，在这种情况下，理论研究的重要性也就胜过了经验研究。

九 引入伦理分析，与工程技术经济分析互补

1. 在美国次贷危机和信用危机的孕育过程中，华尔街银行家滥发信用违约掉期（CDS）等金融衍生品，在金融监管缺失和信用评级失真的条件下，在信息不透明和极不对称的情况下，大搞金融欺诈甚至金融欺骗活动，败德行为甚嚣尘上，借以满足他们追逐利润和财富的贪婪欲望，当银行濒临破产靠政府用纳税人的钱向其注资进行抢救时，少数企业高管仍领取高薪、分发巨额红利，引起社会公愤，种种事实促使人们想起亚当·斯密在发表《国富论》之前还写过很有名但已被遗忘的重要著作《道德情操论》，也呼唤人们在经济学中引入伦理学和伦理分析，研究经济行为的道德伦理基础。

2. 数量经济学以往偏重于人与自然之间的工程技术经济分析，这对研究生产力来说是必要的，但在研究人与人之间的生产关系和社会关系尤其是制度和政策时，看来还需要引入道德伦理分析，研究道德伦理价值，并使其与工程学性质的技术经济分析相呼应，以完整地反映人类经济行为的自然性与社会性两个不可分割的方面。

十　扩大知识面，使数量经济学者变得更有学问

1. 数量经济学是一门跨学科的交叉经济学科，数量经济学者本来就需要比一般经济学人有更多的知识，如数学、统计学、计算机软件学、工程学、系统科学、复杂科学等自然科学方面的知识。

2. 从全球金融危机的产生和救治来看，数量经济学者要想有所作为，亟须扩充知识面，特别是向金融学、管理学、哲学、伦理学、社会学、政治学、法学、历史学、文化学、心理学等人文社会科学方面吸收营养，提高知识素养，以及通过"干中学"获得宝贵的实践知识，使自己成为"究天人之际，通古今之变"的博学者，这样才能提高综合研究能力，抓住和解决重大问题的症结之所在。

(2009 年 8 月)

21 物流与物流管理

一 物流与物流业

物流,在词义上为有形物品的位置移动,在经济学意义上是一种生产性服务,它包括商贸、包装、仓储、运输、传递、通关、配送、检验检疫等流通环节的一切活动。

物流这一概念在 20 世纪 60 年代盛行于西方市场经济发达国家,管理大师德鲁克 1962 年指出,物流是经济中亟待开发的处女地、"黑大陆",该概念引入中国是在 1978 年前后,这与计划经济向市场经济转型有关,流通对生产的重要性开始显现。

从企业内部与企业之间孤立、分散、相互阻隔、无法畅通的传统物流,向专业化、市场化、集成化、社会化、一体化、全球化的现代物流的转变,意味着流通领域质的飞跃,物流由此而成为物流业,出现了第三方物流服务供应商和第四方物流服务供应商。

第三方物流是这样一种物流服务模式:它使企业把内外部物流全部地或经过选择部分地外包给独立的物流服务供应商,以降低物流成本、提高物流效率,集中力量专心经营核心业务,从而增强企业竞争力。物流外包促进了物流规模化、专业化、集约化、高效化,是一大进步。但正确选择合适的第三方物流服务商并非易事。

第四方物流是通过整体供应链优化和集成来整合社会物流资源以大幅提高物流水平的一种新颖的物流组织模式，这是企业竞争进入供应链竞争阶段的产物，是由埃森哲公司于1928年在《战略供应联盟》一书中最先提出的。这种模式能使物流服务供应商调动、管理组织自身以及有互补性服务企业的资源、技术、能力，来提供供应链整体的解决方案。与第三方物流着重于实施、执行的操作层面不同，第四方物流着重于全局性战略决策，在最大范围内整合社会物流资源，使物流迅速、高效、低成本、人性化，为顾客创造最佳的增加值。

物流业与交通运输、商贸、金融、信息服务业，并列为五大生产性服务业。它是集运输、仓储、货运代理、信息于一体的复合性产业，同旅游业一样，与其他产业有密切的关联性。物流业是国民经济的助推器和加速器，它直接影响经济发展的质量与效率。2009年国务院把物流业的调整与规划纳入十大产业规划内，明确了它的重点任务、重点工程和政策措施，积极发展物流业，是我国产业结构优化升级的重要一步。发展物流业，意在制造业，并将成为拉动内需的新增长点，有助于从外向型向内向型的产业调整。

我国物流业大国地位已基本确立，但远非物流强国。2008年我国物流总额约为90万亿元，物流业增加值约为2万亿元，占服务业的比重为16.6%，占GDP的比重为6.6%。但我国物流成本占GDP的比率要比发达国家高出一倍多，美国2007年该比率已从1981年的16.2%降到9%，而我国与其他发展中国家相仿，为20%~30%，从物流绩效指数看，我国2007年在世界150个国家和地区中，排名为第30位，香港特区为第8位，台湾地区为第21位。

二　发展我国物流业的突破口

我国正在多管齐下积极发展物流业，力求改变目前物流企业小、散、差、乱的落后状态。首先，要把制度创新当作突破口来抓。通过改革开放从制度上变恶性的物流循环为良性的物流循环，创造友好型物流环境，以取代不友好或偏友好的物流环境。

物流循环是良性的还是恶性的，要看下列各因素的好坏以及相互的关联影响，这些因素有：法规条例、执行程序、廉政状况、市场结构、规模经济、服务效率、商业道德、投（融）资激励等。

物流环境是友好的还是不友好的，取决于下列各因素，如基础设施、装备技术、标准规范、协调配合、人力资源、信息共享、专业知识、跟踪控制、安全保障等。

制度创新有多种模式，采用何种模式取决于物流业发展阶段及其特性。制度创新模式一般有：①物流友好型与适应性制度创新模式，②物流偏友好型与综合性制度创新模式，③物流不确定型与局部性制度创新模式，④物流不友好型与基础性制度创新模式。

无论物流业发展处于哪个阶段，有哪些特性，制度创新都要贯彻始终，常抓不懈，这是提高物流绩效的根本途径。我国是中等收入的发展中国家，物流环境还处于偏友好型，必须采取与其相适应的制度创新模式，促使物流环境向友好型转变，以提高物流绩效。

三　发展我国物流业的关键点

为适应物流专业化、规模化、市场化、社会化、一体化、全球化的发展趋势，在传统服务业向现代物流业的转变过程中，我国发展物流业的关键点在于现代化和信息化。

现代化要求我国政府搞好现代化物流基础设施，建立现代化的物流中心、调配中心和物流园区，还要求企业包括物流企业和非物流企业逐步建立现代企业制度，完善现代产权制度，以及现代物流管理系统，还要求物流利益相关者包括物流行业协会和区域物流管理部门共同提高物流市场和物流网络的现代化程度。

信息化是现代化特殊的具体表现，由于物流中工业品所占比重高达90%,物流被视为信息化与工业化相融合的重要切入点。旨在提高物流信息化水平的物流业信息化,主要包括下列四方面内容:①物流企业与非物流企业管理的信息化,②行业物流与区域物流中信息技术标准与信息资源标准的制订与统一,③各种公共物流信息平台的建设运作,促进物流信息互联互通、交流和共享,④物流相关利益单位如运输企业、仓储企业、港口码头、工商检验部门等相互间的物流信息系统的建设与协同。

物流信息化必须与物流组织模式相匹配,以提高其整体效益,第三方物流服务的信息化相对比较容易和简单,而第四方物流服务的信息化比较复杂,要求较高,这是整个供应链的信息化,上下游必须相互连接,这方面尚缺乏成熟的经验。

在物流业信息化中,政府与企业须各司其职,政府部门要创造物流信息化环境,关注循环物流、应急物流、物流安全等方面的信息化工作,企业无论是物流企业还是具有物流功能的非物流企业都应成为企业物流信息化的主体,特别是跨国物流大企业,信息化建设与实施更是企业的生命线。

目前我国正在研究和制定"十二五"规划,其中就包括行业物流信息化规划和区域物流信息化规划,规划包括基本理论、系统结构、关键要素等内容。

物联网的兴起与发展,必将促进物流网络的信息化与智能化,物联网通过各种信息传感技术(如射频识别装置、红外感应器、全球定位系统、无线数字通信等)的广泛应用及其与互联网的结合,强化物与物、物与人以及人与人之间的交流与沟通,物联网对社会和经济发展的革命性作用不会亚于互联网,两者共同构成智能地球。

四 加强不同层次和环节的物流管理

物流业的发展,取决于众多因素,除了制度创新、现代化和信息化之外，物流管理水平无疑是个重要因素。我国物流管理还比较粗放，集约程度不高，规范性和有序化较差，各个层次和环节都缺乏强有力的领导。

物流管理与其他管理不同，兼有微观管理、中观管理、宏观管理的特性。从微观管理来看，一般企业内有物流管理，如仓库管理、厂内运输管理等，这与企业内其他职能管理有类似之处。当物流功能被剥离外包时，它又具有外包管理的特性。微观层面的另一类企业物流管理，则是各种物流企业的管理，这种管理不仅包括企业内部管理，而且延伸到该企业外部方方面面与整个物流有关的管理，对此企业可以施加影响，但较难控制。

从中观管理来看，物流管理包括行业物流管理和区域物流管理，在前一方面，应发挥物流行业协会和其他各种行业协会的作用，但不同行业协会与相关管理部门在管理上的协调配合始终是个难点或"瓶颈"。在后一方面往往缺乏管理主体，所说的区域若指经济区或物流区，则没有管理主体来履行管理职能；若指行政区，虽有管理主体，但很可能产生地方保护主义，影响物流超区域发展，比较简单的是区内物流中心、配送中心、物流园区的管理，但这类管理已变为微观的单位管理。

从宏观管理来看，物流管理是跨行业、跨区域、跨部门、跨国界的综合性网络型管理，对于它而言，整个物流所有环节间的协同至关重要，税收、信贷、投融资等政策支持也很重要。同信息流的互联网管理相比，物流的网络型管理比较实在，要好管些。社会物流信息的充分共享，社会物流资源的充分利用，乃是物流管理的重要原则。

(2010 年 2 月)

22

关于宏观调控的思考

一 宏观调控与宏观管理、政府干预的异同

宏观调控或宏观经济调控，是由政府等组织在一定时期内，在一定条件（如体制基础、市场机制以及国际形势等）下，围绕经济发展既定目标（如经济增长、就业、通胀、国际收支、节能减排等），依据经济发展的反馈信息，运用多种政策工具或手段，对经济运行偏离目标的状态和过程进行反复的调节和控制，以期更好地实现预设目标。

宏观调控必须包括五个要素：调控主体、调控对象、调控目标、调控手段与调控信息。从经济控制论的角度看，这是一个闭环控制过程，利用反馈信息使调控手段作用于调控对象，使其逐渐逼近调控目标。调控目标确定得是否适当，十分重要，否则调控就失去了依据。要综合运用多种调控手段，使它们形成合力，避免在调控过程中出现"发散"，而不能"收敛"。反馈信息务必及时、准确、可靠，尽可能充分。对调控对象应有深入的研究，掌握其特性。

宏观调控是宏观管理的一个重要环节。宏观管理除宏观调控外，还包括宏观经济的决策、组织、计划、预测、实施、监督与评

价等。这些环节都是相互联系的。有一种观点认为，经济运行或实施过程中出现异常状态时，就需要调控，使其恢复正常，这就是一种非常规的管理，如让过热的经济"软着陆"等。

宏观调控既包括总量调控，又包括结构调控，但若把总量调控视同需求管理，把结构调控视同供给管理，那么宏观调控为需求管理与供给管理之和，从而也就等同于宏观管理了。我国有相当一部分学者正是从宏观管理的角度来研究宏观调控的。其实，改变消费方式、优化产业结构等问题的决策，已超越了宏观调控的范围，而从长期来看，它们是有利于宏观调控的。

有一种观点把宏观调控等同于政府干预，被认为是广义的宏观调控。政府干预的对应面是市场机制。先行的发达国家往往是成熟的市场机制与弱势的政府干预相结合，而后起的发展中国家往往是未成熟的市场机制与强势的政府干预相结合。当然发达国家在遇到经济危机或金融危机时，不得不求助于强大的政府干预。20世纪后半期以来，政府干预有增强的趋势，一是因为相对于私人品的公共品，其规模在扩大，比重在提高，二是因为市场与经济的国际化、全球化发展加剧，经济联系日益复杂化。

宏观调控是一种政府干预，它与政府干预有重叠的部分，也有不重叠的部分。比如，政府对垄断企业的规制行为、对幼稚产业的扶植、对环境和生态的保护，就超越了一般宏观调控的范围。又比如，宏观调控的主体主要是政府，但政府绝不是唯一的调控主体，非政府组织如行业协会、消费者联盟，以及大型企业集团，也会参与或影响宏观调控。前两年国际金融危机发生后，对各国经济的救治还得靠G20的联合协同调控。国际金融危机也是管理危机，是美国式自由放任型管理的失败。

二 三种立论不同而又互补的宏观调控研究

在我国，对宏观调控并存着三种立论不同而又互补的认识与研究。它们是：①基于经济数学模型的宏观调控或政策分析，②基于经济信息分析的宏观调控或形势分析，③基于经济周期理论的宏观调控或波动研究。

研究宏观调控本是数量经济学的学科特色之一，也是学科优势之所在。数量经济学研究宏观调控是以经济计量模型和经济控制论的应用为基础的。经济控制论对宏观调控的意义，在于突出调控目标和反馈信息的重要性。经济计量模型对宏观调控的意义，则在于根据目标变量来求解工具变量，使研究定量化，给出财政政策与货币政策松紧搭配，有双紧、双松、双稳健、一紧一松等多种政策组合，能验证已实施的宏观调控方案是否正确，并找出原因。这种实证的和经验的研究，又叫政策分析，它与经济预测相比是经济计量模型更重要的一种应用。

一般经济学者和政策研究工作者收集、整理和分析来自各方面的宏观经济信息，有时还结合亲身参加的调查，在分析经济形势和讨论政策取向的基础上，提出宏观调控的意见与建议，其间他们还会开座谈会，听取和吸收各方面人士的意见。这种宏观调控研究方式在我国相当普遍，尤其是在综合经济领导部门。该类研究的优点是情况明了，定性的指导意义大，易被最高领导所接受；缺点是缺乏精确的计算，模棱两可，可能互不连贯。

研究经济周期理论的学者运用经济周期分析方法，提出逆周期调控，以熨平经济发展的周期波动，避免经济大起大落，促进上升期延长、下行期缩短，使经济平稳快速增长，这种宏观调控研究简单明了，比较形象化，但把问题局限于经济增长速率的变化上，尚须辅以波动背后的机理分析和体制转换的影响分析。

以上三种宏观调控研究方式各有优缺点，应相互补充、结合进行，可以第一种研究方式为基础，以第二种研究方式为主体，以第三种研究方式为指引，各得其所，形成宏观调控的研究合力。

三　我国宏观调控的历史与现实

纵观我国 32 年改革开放以来的宏观调控，水平在不断提高，内容越来越丰富。党中央和国务院对宏观调控高度重视，早在 1988 年就把宏观调控写入党的十三届三中全会的文件。2009 年中央经济工作会议还对 2010 年提出了宏观调控的重点，把宏观调控从事后调控转为事先调控。除了这次当前具有计划性质的宏观调控之外，1979～2009 年对我国经济运行的宏观调控还有 7 次之多。

历史上的 7 次宏观调控包括：①1979～1981 年，②1982～1986 年，③1987～1991 年，④1992～1997 年，⑤1998～2002 年，⑥2003～2007 年，⑦2008～2009 年。其中，第 5 次和第 7 次的宏观调控，与外部经济冲击有关，第 5 次是受亚洲金融危机的影响，第 7 次则是受国际金融危机的牵累，因此这两次调控都是扩张型的，尤其是最后一次启动了四万亿刺激经济的"一揽子"计划，而其他五次调控，由于内在体制转型和发展方式粗放导致需求膨胀，特别是投资过热，全都是紧缩型调控。其中，第 6 次调控情况较好，针对局部过热有保有压。

从历次宏观调控的演进看，由完全依靠行政手段转向经济手段、法律手段等的引入，并以经济手段为主；由直接调控为主，转向间接调控为主；由单一的政策工具，转向多种政策工具的综合运用，甚至还有土地管理政策；由对经济过热的通货膨胀的治理，转向也有经济过冷时的通货紧缩的治理；由强制性的"硬着陆"，转向诱导性的"软着陆"；由大力度的全面调控，转向微调、点调等局部调控。

2010 年是"十一五"的最后一年，又是消除国际金融危机冲击、经济开始"V"型反弹后制定和启动"十二五"的重要一年，年初，中央就明确公告了宏观调控的重点：①实施以宽松为主基调的宏观调控，②结构调整与转变发展方式相结合，③推进城镇化，扩内需、促消费，④投资转向战略性新兴产业，⑤开拓外需的新市场。

在世界经济发展不确定和不稳定以及国际贸易保护主义盛行的环境下，在国内经济企稳回升的基础尚不巩固，以及经济结构调整和经济发展方式转变困难较多的条件下，新一轮的宏观调控面临两难选择，一方面要继续促进经济增长和就业增加，另一方面又要防止流动性过剩和管理好通货膨胀预期，须看准机会加以抉择，解决好刺激经济措施何时退出和如何退出的问题，退出早了、猛了，会损害经济健康而又平稳较快的发展，退出晚了、力度不够，又会引致通货膨胀和生产能力继续过剩。因此抉择时必须慎之又慎。

四 宏观调控应坚持的原则

宏观调控的目的是保证经济系统平稳运行，进而实现经济发展目标，造福于人民。为此，须与微观经济放开搞活相配合，促使企业依靠不断完善的市场机制更好地发挥自组织作用。同时，宏观调控应坚持一定的原则，包括明确目标导向，加强信息基础，提高调控能力，改进调控绩效等。

明确目标导向。这是宏观调控的首要原则，为调控而调控，没有任何意义。以 GDP 为中心，把 GDP 增长率作为宏观调控的主要目标甚至是唯一目标，也是有害的。宏观调控应有多个目标，分层次进行量化。当目标与调控脱节时，也可调整和修正目标，使调控不至于迷失方向。

加强信息基础。信息是宏观调控的基础，又是宏观调控的出发点和归属点。任何系统的调控离开信息就寸步难行。宏观调控必须有环境信息、目标信息、对象信息、反馈信息、调控信息等。要从各方面收集相关信息，并加以科学整理和充分利用，整个调控过程就是信息转换的过程。

提高调控能力。这是对调控主体的要求，它或它们应有全局性、前瞻性，并使调控保持连续性、稳定性、综合性。要善于在调控实践中不断提高调控水平和能力，例如：配套运用各种政策组合和经济杠杆的组合，针对不同时期、地点和对象，综合运用多种调控方法，掌握调控力度，不搞"一刀切""急刹车"。当调控主体不止一个趋于多元化时，对调控要相互协调，不能各行其是，务必形成合力。

改进调控绩效。任何调控都是有成本的，有代价的，其效应可能是正的，也可能是负的，要对宏观调控作成本效益分析，不搞或少搞得不偿失的调控。调控绩效评价虽有一定难度，但却是能做到的。实证的政策模拟可以衡量政策效果，检验调控政策是否正确，很显然，"硬着陆"的效果不如"软着陆"来得好。

（2010年2月）

23
加快转变经济发展方式之我见

一 从经济增长方式转变到经济发展
方式转变的进步

早在"九五"时期,我国就提出了经济增长方式转变问题,最早是由江泽民在全国科技大会上提出来的,要求经济增长转到依靠科技进步和提高劳动者素质的轨道上来,经济增长要从粗放型转到以集约型为主,扩大再生产要从外延型转到以内含型为主,从数量经济学的角度看,就是要提高经济增长的全要素生产率,从主要依靠要素投入转为主要依靠要素产出率的提高。

在党的十七大会议上胡锦涛提出科学发展观的同时,把经济增长方式转变改为经济发展方式转变,后一个"转变"既包括了前一个转变的内容,又扩大了所要转变的内容,不仅包括要素结构变化,而且还包括供给结构与需求结构的变化,以及经济发展与资源、能源、环境、生态的关系,最终关系到经济发展是否可持续的问题。发展与增长是两个既有联系又有区别的概念,增长是就发展的增量而言,发展还包括存量及其变动,发展要有增长,但有增长不一定就有发展,增长也好,发展也好,都不能只追求数量和规模的扩张,还必须强调质量与效益,以及长期平稳快速和可持续。

在全球金融危机的冲击和影响下,我国原有的发展方式遭到极大的挑战,承受了很大的压力,为了变挑战为机遇,变压力为动力,我国在 2009 年的全国经济工作会议上,把加快转变经济发展方式重新提出来,作为 2010 年的工作重点,并将这项重要任务列入"十二五"规划,成为各项经济工作的主要抓手。

二 从经济结构优化调整看经济发展方式转变

政府是经济发展的主导力量,经济发展方式转变首先是政府的宏观管理问题,转变发展方式必须与调整经济结构相结合,从需求结构来看,要改变过度依赖投资与出口两方面需求的状况,实现消费、投资、出口协调拉动,逐步把最终消费需求放在"三驾马车"之首,中国拥有世界上最大的市场,外国企业无不看中这个大市场,而我国本身却舍近求远,不重视国内消费市场。

为了扩大消费需求及其对经济发展的拉动力,除了继续改进社会保障体系之外,还必须改变分配结构,降低积累率,提高消费率,争取在近三年内把居民消费率从目前的 35% 提高到 50%,为此还需要提高居民收入占 GDP 的比重,争取三年内从现在的 45% 提高到 55%,恢复到十年前的水平,务必在国民收入中使居民分得更多的份额,提高他们有支付能力的需求。

从供给结构来看,转变发展方式要求改变发展过度依赖第二产业的局面,实现一、二、三产业协调发展,重点是发展第三产业,20 世纪 90 年代中期就已强调发展第三产业,但至今见效不大,第三产业产出占 GDP 的比重仅有 39%,第三产业从业人员比例只有 34%,这两个比例在印度均已达到 50%,我国第三产业落后的原因是税负高于工业且各种行政收费繁多,支持第三产业的金融服务跟不上,为生产服务的现代服务业(包括物流、金融、保险、会计、法律、咨询、信息等)与社区服务业特别落后,后一类服务人员占全社会从业人员的比重在发达国家高达 30%~40%,而我国则刚刚起步。

从要素结构来看，转变发展方式要求改变经济发展过度依赖能源和资源消耗的局面，同时还要克服经济发展对环境和生态的破坏性影响，为此，需要转向依靠技术进步、管理创新、提高劳动者素质。我国劳动者素质偏低，我国制造业人均劳动生产率只有美国的1/25，日本的1/26，德国的1/20。节能、降耗、减排、环保、生态优化均为改进发展方式所必需。

经济结构的调整与优化，还包括地区结构、城乡结构、行业结构、产品结构的调整与优化，经济发展不能过度依赖少数沿海地区，而必须转向所有地区的平衡发展和普遍发展，城乡要统筹兼顾，加速城市化发展也是转变发展方式的重要内容，2008年我国城市化率为45.6%，当年只增加了0.6%，今后应每年提高1.4%，在行业结构方面，除传统行业外，重点发展战略性新兴产业，从产品结构来看，发展不能过度依赖外销的世贸产品，要大力发展国内需要的各种产品，如住房、汽车、家电等。

三 从企业转型升级看经济发展方式转变

企业是经济发展的主体，转变发展方式，在微观上首先要求企业走创新发展的道路，包括原始创新、集成创新、引进消化吸收再创新，以及技术改造和管理变革，企业转型升级必须拥有自主的核心技术和关键技术，通过研发掌握前沿技术和基础技术，中小企业要走专、精、特、新的差异化创新道路，以华为公司为例，2009年投入研发资金70亿元，申请国际专利1600多项，在全球企业排名第一，这说明企业应成为创新发展型企业。

其次，转变发展方式要求企业走绿色发展的道路，为应对全球气候变化，经济发展须纳入生态系统，求得经济效益、社会效益、生态效益三者的统一，企业须承担更多的社会责任，发展绿色技术，生产绿色产品、节约资源、节能减排、环境友好，推进集约、高效、无废无害、无污染的绿色发展。我国桂糖集团等企业发展循环经济取得了一定的经验，到2020年我国单位GDP的二氧化碳排放量要比2005年减少40%，这说明企业要低碳，就得依靠绿色经济求发展。

再次，经济发展方式的转变对企业来说就是要从生产型制造向服务型制造转变，当企业进入以客户为中心和产业分工高度专业化的新时代，制造过程附加值的挖掘，必然转向研发、物流、营销、融资、品牌、技术支持、商业模式等环节，它们成了增加附加值的主要来源，单纯制造只能使企业处于产业链中低端附加值的底部，中国是"世界工厂"，制造业总值已占全球的15.6%，仅次于美国的19%，但美国的服务型制造企业占全部制造企业的58%，而我国却只占2.2%。为改变这种状况，我国制造企业必须向高附加值模式提升，如陕鼓集团从单机设备提供商向工业流程系统集成商转型，海尔集团正在从制造商向服务商转型。

再其次，转变发展方式要求企业向内外销兼顾转变，我国企业抓住经济全球化机遇，发展外向型经济，已使出口总额居世界首位，但我国的外贸依存度过高，引起各种国际贸易摩擦和纠纷，在优化出口结构、以投资带动出口、开拓外贸新市场的同时，必须立足于国内大市场，提供给民众不同层次、多样化需求的商品和服务，特别是要满足广大农村市场和农民的需求，在市场全球化的条件下，所有企业都应统筹兼顾内外销，立足国内大市场，开拓国外新市场。

最后，转变发展方式还要求企业从劳动密集型向知识密集型转变，我国劳动力资源丰富，利用劳动力优势，发展劳动密集型产业是发展经济的必由之路，今后仍应扩大就业，充分挖掘劳动力潜力，但21世纪是知识经济的时代，知识管理成了企业管理的核心，只有提高知识学习能力、知识创新能力、知识产权保护能力和知识网络建设能力，才能真正增强企业竞争力，人是知识的创造者、拥有者、运用者和传播者，是生产力最重要的因素，企业应变人力资源为各种人才，包括科技人才、管理人才、高技能人才、高素质劳动者，鼓励企业全员创新，使企业成为知识型企业。

四 加快经济发展方式转变见效不大的原因之所在

不同的经济发展阶段有不同的经济发展方式，发展方式一般不会超越而只会滞后于发展阶段，这与发展具有惰性和惯性有关。在前30年的改革开放中，我国处于发展的起飞阶段，工业化处于中期（即重化工时期），经济发展还很不成熟，虽然提出过增长方式转变问题，但知易行难，粗放型增长一时难以转为集约型增长，甚至增长还越来越粗放，只强调发展是硬道理，但不怎么考虑怎样科学地发展。

转变发展方式是长期的任务，绝不能一蹴而就，经济结构调整与优化、企业转型与升级，都是动态的发展过程，尽管我国政府要求加快转变，但有时不仅没有加快转变，反而结构更恶化了，企业更落伍了，不断出现反复，由于全球金融危机的强大冲击，才使我国政府痛定思痛，非加快转变发展方式不可，否则发展就会不可持续。

首先，经济发展方式的转变，包含众多的内容，发展速度要平稳较快，实实在在，减少波动幅度，避免大起大落，发展的质量与效益要好，能使老百姓得到实惠，享受更多的发展成果，发展还要按比例，结构要合理，国内国外都要相对平衡，突出的不平衡就会影响发展，特别是发展还要处理好与资源、环境、生态的关系，保证代内公平与代际公平，发展是无止境的，一定要可持续发展，以上各项内容说起来容易，要切实做到就有难度了。

在我国，加快转变经济发展方式，主要靠政府引导、政府干预和政府管理，实际上，它还需要企业与居民的共同参与和努力，扩大消费需求，没有居民的行动行吗？企业转型升级主要依靠企业的自身努力，政府、企业和居民还要利用市场的力量，由市场来孵化、由市场来调节、由市场来促进经济发展方式的转变，企业要以市场为导向，才能积极转型，而政府自身不转变职能，也很难推动发展方式的转变。

首先，经济发展方式的转变，还有高投资和低消费以及高消耗和低效益这一类传统的体制障碍，也有对地方政府官员的政绩考核缺乏发展方式转变的激励因素，相反的，推进转变则会给地方政府带来一定风险。其次，转变发展方式的任务，还应落实到具体的量化目标上，以便检查和问责，否则就会落空。最后，从长期来看，对经济发展的绩效应建立评价考核指标体系，做到心中有数，否则难以防止和避免那种得不偿失的所谓"发展"。

（2010年7月）

24

三网融合的历史与现实

一 三网融合的含意和推进过程

三网融合是电信网、广电网、互联网的相互进入和连接,形成话音、数据、广播、影视一体化的网络、终端和业务。它使三网服务从分业经营进到混业经营,三网的分散监管转为统一监管,并为今后与物联网的进一步融合奠定基础。

三网融合在我国经历了十多年来舆论上的准备,推进到2010年开始进入实质性发展阶段。早在"十五"规划和"十一五"规划中就提出了三网融合的方针,2008年国务院一号文件和2009年政府工作报告也就三网融合提出过明确指示,但总体而言进展较慢,直至2010年1月国务院常务会议决定加快推进三网融合,并审议通过三网融合的总体方案。

打破电信网与互联网的分离格局,由于电子部与邮电部的合并较早和较易完成,而电信网、互联网这两网与广电网的融合,由于分管部门不同,行业性质有差别,因此很难实现,但在个别地区各具体部门间仍不乏相互渗透、融合的实例,中国移动与各地广电运营商合作开展的"有线通"业务,在上海和苏南一些城市推广较成功,用户已达55万户,再如2004年哈尔滨开办IPTV业务,至

2009年底，国内IPTV用户已有470万户。

现在国务院要求五年内全面实现三网融合，2010～2012年重点开展广电与电信业务双向进入的试点，探索形成保障三网融合规范、有序地开展的政策体系和体制机制，2013～2015年总结推广试点经验，全面实现三网融合，普及应用融合业务，基本形成适度竞争的网络产业格局，基本建立适应三网融合的体制机制和职责清晰、协调顺畅、决策科学、管理高效的新型监管体系。目前正在北京、上海、深圳等12个城市试点。

三网融合是互联网继web 1.0和web 2.0之后的第三次发展浪潮，我国虽起步早，1988年就有过三网融合还是三网合一的讨论，但它的推进都落后于美、英、法、日等发达国家，美国在1996年就通过《电信法》，开放电信与广电的混业经营，英国从统一产业标准入手，于2003年就成立三网融合的管理机构，法国计划至2014年把享受三网融合服务的家庭增为50%以上，日本在2010年将通过《信息通信法》，破除三网融合的条块分割障碍，广泛推广信息家电的应用。

二 三网融合的优越性和难点

三网融合是数字技术广泛渗透、深度应用的必然结果，也是生产发展、生活改善、资源整合、产业升级、监管统一的强劲需求。三网融合的优越性十分明显，它对广大用户、相关企业、产业链延伸、社会和国家发展都有很大益处。

三网融合的最大受益者是广大的用户，据统计，我国网民已达4亿人，电话用户在10亿户以上，广电覆盖率接近城乡居民的100%，三网融合后，他们就可用任何一类终端通话、传数据、看影视、听音乐，以及享受新的增值服务，收"三便"之效，即便宜、便利、便捷。便宜指可减少开支，如在美国每户每月可少付20～30美元，便利指多种服务可由一个公司提供，不必多头联系，便捷指可同时进行各种消费活动。

三网融合有利于现有的广电企业、电信企业、互联网企业扩大经营范围，丰富业务内容，包括各种新的增值服务，如 VOIP、IPTV、图文电视、交互电视、网络动漫等，有利于它们各自扬长避短，加快提升，如广电的信息内容多，但亟须数字化改造，电信有无线传输，但要加强高速宽带化，互联网可虚拟交易，但应有广电、电信的加盟，还有利于破除垄断、鼓励竞争，实现合作共赢。

三网融合有利于产业链的延伸，把网络基础设施建设商、信息设备制造商、软件开发商、信息技术服务商、信息内容提供商、信息接入服务商、信息应用服务商等联结起来，在网络、技术、业务各种资源整合的基础上，在信息产业与文化产业融合的基础上，形成一个具有基础性、先导性、应用性的战略性新兴产业——信息网络及其服务产业。该产业被公认为是世界经济复苏的突破口，世界银行对 120 个国家的分析，仅宽带服务每增长 10 个百分点，就会带来 1.3 个百分点的经济增长。

三网融合有利于经济、社会和国家的全面发展，它会使我国在今后几年形成 6000 亿元以上的投资规模，每年将拉动 GDP 增长 0.8 个百分点，增加约 20 万个就业岗位，从长期来看，它还会动态演进到 n>3 的 n 网融合，特别是与物联网的融合，把人与人的交流扩大到人与物、物与物之间的交流，促进经济大发展、社会和谐、国家空前繁荣，向智慧地球的方向迈进。

三网融合虽有明显的优越性，但实行起来并非易事，这和现存利益格局的改变与调整有关，即使在美国，有线电视与电信分业经营也已经有 20 多年的历史，到了 20 世纪 90 年代初，电信企业把监管部门 FCC 告上法院并获胜，才使 FCC 开禁，允许电信与有线电视双向进入、混业经营，并以法律先行。在我国，由于体制障碍、部门分割，虽然早已有三网融合的规划与文件，除个别地区有关企业自行合作外，自上而下的全面改革困难重重，今年国务院从鼓励转向强制，列出三网融合的时间表，才落实到行动上。

三网融合的最大障碍在于分业监管的现行体制，电信业与广电业同为垄断行业，电信由工业与信息化部管理已企业化，而广电由国家广电总局管理，政企关系、网台关系、制作与播放关系均未分离，具有事业单位性质，广电运营商分散而不集中，全国各地有几百家，企业化与市场化程度低，要使电信与广电双向进入，全业务经营，亟须建立统一的监管体制，尤其要对广电业进行较大的体制改革。

三网融合的另一个难点是统一网络架构、统一终端产品、统一产业标准，我国的广电网、电信网都需要升级改造，并对下一代网络进行统一规划和统一建设，避免资源浪费和重复建设，现有广电网的宽带比率只有2%，而全球平均为30%，在4亿户有线电视用户中有数字化服务的只有6500万户，交互化服务的更少，只有20万户，电信网的家庭宽带率约为20%，人均拥有宽带资源只有韩国的8.7%，新的网络架构关键是双向的高速宽带化，广电的NGB与电信的NGN再不能各搞各的了，必须协调统一，两网融合，互联互通。

三网融合的出路还在于打破各种局限性，积极创办多媒体融合业务，在当前广电与电信双向进入、互联互通，不得不受这两个行业经济实力很不平衡的限制，广电与电信相比，市场化、商业化程度低，赢利能力差，虽然拥有信息内容，但受宣传部门和意识形态的控制，不一定为广大用户所喜爱，在内容创新的道路上有待继续努力，在广电与电信的融合过程中，必须携手合作，共创为用户所喜闻乐见的各种新的融合业务。

三　三网融合的重点与前景

三网融合应先易后难，试点先行，创造条件，全面推进，工作千头万绪，必须抓住重点，突破难点，由于三网融合虽然有技术问题但主要不是技术问题，因此须从生产关系与上层建筑入手，解放和发展生产力，融合就是一种生产力。

改革管理体制和完善运行机制。变分业管理为混业管理是一场革命，像英国那样采取大部制管理不失为一种有效的方法，在我国，电子部与邮电部合并为信息产业部后，电信网与互联网的矛盾就消失了，为什么不能把广电网也并入其中呢？这比各部门分治要好得多。三网融合后全业务经营，必须完善运营机制，提高市场化、商业化、企业化的程度，由垄断走向竞争合作，避免恶性竞争，走合作共赢之路。

加强法律保障和政策支持体系。三网融合应法律先行，在美国有1996年的《电信法》，在日本也有2010年的《信息通信法》，我国只有条例没有法律，三网融合要立法，只要有强大的法律保障，党政部门就能依法办事，遵法执法，三网融合还要有政策的支持和扶持，从金融、财政、税收政策方面给予必要的照顾，国家采购政策也要考虑三网融合的需要，用产业政策促进产业发展。

加快网络改造和建设。三网融合对网络要求高，无论是接入网还是传输网，无论是专用网还是公共网，都要进行光纤化、宽带化、数字化、无线化的升级改造，提倡共建共享，扩大覆盖面和应用程度，改进网络管理，发展新一代网络，包括"云计算"和物联网等。

创新产业形态和融合业务。三网融合产业是一种新的产业形态，它的产业链特别长，从制造业到服务业，从硬件到软件，从文化产业到信息产业，要制订统一的国家标准，三网融合的新业务层出不穷，尤其是多媒体融合业务的增值服务会不断增加和花样翻新。

加强技术创新。三网融合的技术有不少是现成的，但在新一代的网络架构中，仍有基础技术、共性技术、关键技术、核心技术需要重点突破，在新的融合产品设计制造中，也要加强自主创新，力争拥有自主知识产权。

三网融合前景无限好，它必将进一步延伸，与新兴的物联网相融合，三网融合还只停留在人与人之间的互联互通，同物联网融合后，就可从人与人发展到人与物、物与物的互联互通。物联网的概念最先是在 1999 年由 MIT 提出来的，2005 年国际电联发布《ITU 互联网报告 2005：物联网》，物联网是通过各种感知设备和互联网，连接物品与物品的全自动、智能化采集、传输与处理信息的，实现随时随地进行科学管理的一种网络，它具有全面感知、可靠传送、智能处理三个特征。

物联网的出现被认为是继计算机、互联网之后的第三次信息革命，它与新能源相并列，是后危机时代振兴经济的不二法宝，物联网应用业务广泛，如食品溯源、移动支付、物流运输、智能交通、智能家居、平安城市等。目前我国已有车务通、宜居通、电梯卫士等。物联网的产业与市场非常巨大，它使互联网的虚拟产业与虚拟市场同现实产业、现实市场相互密切联系，形成庞大的战略性新兴产业群和满足生产生活新需要的大市场。

目前我国已把物联网作为国家战略纳入国家基础研究发展计划，即 973 计划，无线移动通信的 3GTD 网与物联网相融合，正在厦门无限数字城市试点中，积极开展物联网应用服务，由无处不在的覆盖转为无处不在的应用，已有较多案例，如工地噪声的远程无线监控、无线视频监控、无线手机汽车票等，这为全国推广物联网作了示范。

（2010 年 7 月）

25

物联网产业及其发展

一 物联网与互联网的关系

通俗地说,物联网是传感网加互联网,是互联网的延伸与扩展,把人与人之间的互联互通扩大到人与物、物与物之间的互联互通。可以说,互联网是物联网的核心与基础。

物联网是通过射频识别(Rfid)、红外感应器、全球定位系统(GPS)、激光扫描器等信息传感设备,按约定的协议,把任何物品与互联网联结起来,进行信息交换和通信,以实现智能识别、定位、跟踪、监控和管理的一种网络,它具有唯一标识、全面感知、可靠传输、智能处理等特征。按 IBM 公司的说法,物联网使数字地球转变为智慧地球,数字地球是促进全球信息化的一种基础框架。

互联网构建一个与现实的物理世界相对应的虚拟的赛博(Cybnetics)世界或信息世界,并使后者同前者相并列,物联网则使虚拟世界进一步与现实世界更紧密地相互联系,为两者之间构建了一座桥梁。

物联网的安全与隐私问题,比互联网更突出,互联网出现问题时损失的是信息,且可通过加密或备份等方法来避免损失,物联网在智能交通、智能电网等的应用中，发生问题则涉及生命或财产的损失，难以降低损失，另一个突出问题是个人的隐私，由于物联网把人与物的直接联系暴露出来，如家庭内的情况也连到网上了。

互联网是继计算机之后的第二次信息产业发展浪潮，而物联网则是继互联网之后的第三次信息产业发展浪潮，互联网从概念提出到形成产业，中间经历了国防和军事上的应用，相距达几十年之久，而物联网从概念到产业，只用了短短的几年时间就直接进入商业应用。从发展趋势来看，物联网的产业规模和市场潜力都比互联网要大得多，以我国为例，2010年被称为物联网产业的元年，物联网产业的增加值就已达到2000亿元，到2015年计划可超过7500亿元。

二 物联网产业是战略性新兴产业的一大亮点

国务院关于加快培育和发展战略性新兴产业的决定，把新一代信息技术、节能环保、生物、高端装备制造、新能源、新材料、新能源汽车等7个重点产业，列为战略性新兴产业。这些产业知识技术密集、物质资源消耗少、成长潜力大、综合效益好，是引导未来经济、社会发展的重要力量，是抢占新一轮经济、科技发展的制高点。

物联网产业是新一代信息技术产业的主要重点与引领力量，由于它广泛应用于其他各个新兴产业，因此成了整个战略性新兴产业的一大亮点，党的十七届五中全会明确提出，要推进物联网的研发与应用，物联网产业链有技术提供商、应用与软件提供商、系统集成商、网络提供商、运营商、服务商、用户等七个环节，以2009年在无锡设立国家传感网创新示范区为标志，物联网产业发展已上升为国家发展战略。

就我国来说，计算机产业是在国际上发展的后期介入的，互联网产业是在国际上发展的中期介入的，而物联网产业则是与国际同步发展的，具有同发优势，我们更应珍惜这个发展机遇，真正使物联网产业成为推动产业升级迈向信息社会的发动机。

物联网产业的出现，是工业化与信息化深度融合的结果，物联网产业的发展，需要建立工业园区和鼓励产业联盟，这有利于发挥产业集群效应、降低联盟成本，形成信息传导与互动的顺畅渠道，促进行业协会的管理，如福建省正在扶持一个物联网产业集群，两个物联网重点示范区，九类物联网行业应用示范工程，将形成海峡两岸物联网产业发展的集聚区。

物联网产业被认为是一个万亿级的大产业，通信界人士戏说，物联网的推广应用可再造几个"中国移动"，许多企业都想在物联网产业发展中寻找商机，跃跃欲试，为了使这个产业发展壮大，政府包括地方政府还必须与企业互相配合，紧密合作，各地政府绝不能坐等"摘桃"，理应为物联网产业链上的有关企业创造创业和兴业的环境。

三　物联网产业发展中应关注的问题

1. 在认识上，应把物联网产业及其发展提高到全球金融危机后国际科技产业与经济社会发展的竞争焦点和制高点来认识，它关系到21世纪第二个十年各国发展的全局利益与长远利益，美国把它与新能源产业及其发展相并列，看作是2025年前振兴美国经济的两大武器，影响到美国的潜在利益，我国也已把它列为国家战略，成立了规划和领导物联网产业及其发展的相应组织。

2. 在技术上，应注重射频、分布式计算、传感器、嵌入式智能、无线传输、实时数据交换等各种关键技术的交叉与融合，立足于自主创新，拥有自主知识产权，使物联网产业真正成为创新驱动型产业，为此要加大研发投入，培育与引进高端研发团队，促进研发成果及其应用，尤其要准确把握技术突破的方向，优化产业发展技术路线的选择和设计。

3. 在标准化方面，应尽快解决产业标准缺失这一妨碍物联网产业发展的瓶颈问题，与任何信息技术产业一样，公认的、通用的统一标准，是物联网技术发展与应用的关键之所在，不能标准互异，各搞一套，在沿用国际标准的同时，我国物联网产业应有自己的国家标准，并为其他国家所接受和使用，我国已成立了专门的标准化工作组，以协调技术、政策、利益上的矛盾，在国际上各国正在争夺物联网产业标准的制高点，要使我国在电信联盟等国际组织研究制定物联网标准过程中有更大、更多的话语权。

4. 在引导和扩大市场需求方面，要通过广泛推广应用和改进商业模式来开拓产业外的市场需求，还要通过拉长和协调产业链来开拓产业内部市场需求，务必经常解决市场制约的需求不足问题，尽管物联网产业是供给创造需求的产业，其市场空间远远比互联网产业要大，如有人估计，其终端需求有10亿量级的信息设备，30亿量级的智能电子设备，5000亿量级的微处理器和万亿以上的传感器需求，但物联网投入大，风险也大，在市场需求尚未涌现前切忌盲目发展。

5. 在应用方面，物联网产业在发展中应抓住三个重点，首先要瞄准智慧城市，把城市及其公共服务的应用，如智能交通、智能电网、智能医疗、智能家居等作为突破口，其次要看好能源企业，它们的资金充裕，在低碳化、清洁和绿色的客观要求下，能源网将作为物联网的延伸而发展，再次是现有产品升级换代，如把互联网手机变为物联网的智能手机，普通家电变为物联网的家电等，不管是哪种应用，均须力求降低成本提高效率。

6. 在产业链调整方面，随着物联网产业的发展，应视其发展所处阶段，对产业链重点作动态调整，由于物联网兴起不久，刚刚起步，产业基础设施支持商占主导地位，网络通信企业与智能芯片企业自然成了产业魁首，从物联网产业发展的全局与长远来看，首先要创造条件，使这些产业的"领头羊"有长足的发展。

7. 在管理方面，物联网产业发展既要靠政府的力量，又要发挥市场与企业的作用，无论是美国还是中国，政府总是物联网产业发展的呐喊者和领跑者，我国提出要在"十二五"末把中国建设成为一流的物联网技术创新国家，决定从建立产业协作机制、促进军民融合、建设组织保障、加快物联网立法这四个方面给物联网产业发展以政策支持，与此同时，一定要尊重产业发展的市场规律，以企业为主体，运用市场机制，选择恰当的商业模式，确保产业活力。

(2011 年 2 月)

26 关于中国模式的思考

一 讨论中国模式的起因

首先,这与中国和平崛起有关。中国是最大的发展中国家,又是最有代表性的转型国家,进入21世纪以来,中国迅速和平崛起,国际地位不断提高,国际影响不断扩大,在G20中G2的作用在加强,美国引爆全球金融危机,使美国模式破绽显露,这时世人必然会关注与研究中国模式。

其次,这与怎么样正确总结中国发展经验有关。新中国在前30年所奠定的基础上,经过32年的改革、开放与持续发展,其成就为世人瞩目,由于正确应对了1997年的亚洲金融危机和2008年源于美国的全球金融危机,中国的综合实力与国际竞争力空前增强,并成了全球经济增长的强大引擎。中国的发展经验有目共睹,该怎样用中国模式加以概括,引起国内外学者的热烈讨论。

再次,还与相对于"华盛顿共识"的"北京共识"的提出有关。2004年,高盛公司政治经济专家雷默率先提出与"华盛顿共识"相并列的"北京共识",并作为"中国模式"加以推崇。他认为该模式的特征为坚持改革创新与实践,兼顾经济增长与生活质量以及可持续发展,承诺与倡导自决权。自此以后,国内外关于中国模式的讨论日益增多。

二 讨论中国模式的意义

1. 明确中国发展的特色、优点与问题。中国在复杂、不确定的国际环境中，从特定的世情与国情出发，利用经济、政治、社会、文化、生态环境等方面的有利因素和约束条件，相对优势与发展瓶颈，用创新引导发展，抓住机遇、迎接挑战，化危机为机会，形成了一定的发展轨迹，积累了宝贵的发展经验，妥善解决了发展中存在的问题，实现了预设的发展目标，呈现出经得住历史检验、对人类文明有贡献的发展模式。

2. 透视中国对发展的制度与政策安排及其背后的指导思想。发展模式的核心是制度安排与政策安排，以及两者的结合。《大趋势》作者奈斯比特在《中国发展模式的对比与前景》中，就看到了中国模式的八大"支柱"，其中包括反对思想僵化的解放思想的原则，重视实验、勇于试错的"摸着石头过河"的行事方式，自上而下执政与自下而上参政的上下结合的民主政治，用举国力量制订与实施发展规划，力求自由与公平，抓住全球化机遇并逐步融入世界等。

3. 有利于通过建构中国模式来完善中国模式。发展模式是发展处于一定阶段的产物，它总是动态的，不是凝固的。发展模式不讲应有的发展，而讲实际的发展，不讲局部的发展，而讲整体的发展，不讲所有的发展，只讲独特的发展。探究发展模式是什么固然重要，但建构发展模式，边建构边完善则更为重要。讨论发展模式有利于试错、反馈、修正、再试，使发展模式一步一步趋向于完善化，更具有活力与生命力。

4. 便于与别国模式相比较，可收取长补短之效。每个国家的发展模式都会有自己的特色，反映各自的文化底蕴与价值追求，通过比较来相互学习借鉴。不仅中国模式与美国模式迥异，与中国一样同为文明古国的印度，虽然有类似的历史遭遇，但所走的发展道路却也与中国不同。例如，印度采取以信息技术为主导、以服务业为支撑的非传统发展模式，服务业占 GDP 的比重为 55%，服务业对 GDP 增长平均贡献率达 68.6%，其经济发展有良好的软环境，重视知识资本，科技人员总数仅次于美国。

三　中国模式的内容与特征

"模式"一词，在我国最先是在数量经济学中使用的术语，如社会再生产模式，其对应的英文为 Model 或 Style，意指一种特定的模型（如经济模型）或方式（如增长方式），扩大含义使用后，已不限于经济学，还有管理学中的治理模式，政治学中的民主模式等。人们往往把相互比较的模式并列提出，如发展地区经济的苏南模式与温州模式，发展新兴经济体的中国模式与印度模式，推动社会进步的东亚模式与拉美模式，等等。

中国模式讲的不是"九五"提出的经济增长方式，也不是党的十七大提出的经济发展方式（加快转变经济发展方式问题，我于 2010 年 7 月就同大家讲过一次），而是中国改革开放与持续发展的特殊道路问题，其内容要广泛得多，不限于经济，还包括政治、社会、文化、生态环境等方面，对它的讨论往往是多角度、多层面的，但又是综合性、概括性地反映我国特色的。

所谓中国模式，简言之，就是有中国特色的制度体系与政策体系，政策靠制度作保障，制度由政策来体现，这个体系是在渐进式改革、全方位开放，以及可持续发展中逐步建构和完善起来的，从哲学上看，该模式既有相对的稳定性，又有绝对的变动性，它不是一成不变的，也不是变动不居的。从科学角度来考察，作为经济基础的体制（相互交织的利益关系）和作为上层建筑的政策，与工业时代以传统科技为代表的生产力相适应，还与信息时代以高科技为代表的生产力相适应。

中国模式是特定历史条件下的产物，有五千年古老文明的中国于两百多年前错过了工业化的机遇，而在新中国成立后，特别是在改革开放以来，从实际出发，急起直追，全面推进工业化、信息化、城市化、市场化、民主化与全球化，走上了中国特色社会主义现代化的道路，中国现代化的独特制度和独特政策，构成了中国模式的基本内容。

各国推进现代化，既有普适的共同性，又有独自的特殊性，所谓"戏法"人人会变，各有巧妙不同。中国模式的特征有众多表现，如在改革上素以与激进式改革相对应的渐进式改革著称；在开放中搞经济特区，先行一步，融入国际社会，让一部分人先富起来，先富帮后富，走共同富裕的道路；在科学发展与和谐发展方面，走与信息化相融合的新型工业化道路，发展绿色经济，资源节约、环境友好、代内与代际公平，坚持可持续发展；在经济市场化与政治民主化的过程中，用国家的宏观调控弥补市场配置资源之不足，用协商民主来补充选举民主，坚持民主集中制，等等。

中国模式不同于苏联模式、俄罗斯模式，以及美国模式，这是显而易见的，这些模式之间异大于同，相差甚远，中国模式与印度模式相比，虽然两国同为发展中大国，同为文明古国，同有类似的历史遭遇，但是两种模式却也各有千秋。中国以劳动力比较优势、低成本发展制造业而成为世界制造工厂，印度绕过制造业，重视知识资本，直接发展服务业而成为世界软件园；中印均发展混合经济，中国以公有制为主体，而印度以私有制为主体；中国在经济、社会发展硬环境中基础设施发达，而印度重视软环境，特别是金融业较健全；中国擅长宏观调控，而印度在微观企业经营管理中追求卓越；中国弘扬儒家文化，强调和合与和谐，而印度有博伽梵歌宗教文化，强调心态平和等，这些都值得互学互补。

四 中国模式的建构与完善

一国发展模式的活力与生命力，体现在应对突如其来的经济、金融、社会危机的能力上，以及危机后尽快修改制度与优化政策，尽快调整结构和转型升级的竞争力上。中国在以往十多年的时间内，先后遭到两次危机（亚洲金融危机与全球金融危机）的巨大冲击，但仍发展如故，平稳而快速，且对亚洲与全球发展作出了重要贡献，为世人所称道。这表明中国模式经受住了历史考验。当然全球金融危机也使我们认识到中国发展还有深层次结构性矛盾，须通过深化改革逐一解决。

中国模式不是改革发展经验的简单总结，往后看总结过去固然重要，向前看展望未来和引领未来更为重要。全球金融危机后，越来越多的人士看到重新建构世界经济社会发展新秩序的重要性和紧迫性，深切地感受到中国有必要转变粗放式增长，转变投资驱动与外需拉动的非正常发展，改变地方政绩激励与靠土地等资源招商引资的恶性竞争，加快收入分配改革以抑制贫富差距扩大，加快清洁能源与绿色经济的发展，激活创新能力与创业精神，推进与经济体制改革相适应的政治体制改革，扩大中华文化影响力，以创建和谐社会、和谐世界，在未来发展中建构中国模式。

在建构中国模式时，不能就经济论经济，单纯考虑经济模式，必须把经济与政治、社会、文化、生态等结合起来，一体化处理，以解决中国模式问题。不仅如此，这种改革与发展要避免转型危机，还必须与国家治理相互动，缓解治理压力，防止治理困境，避免类似苏联领导集团的权力斗争与利益追逐，避免类似美国国家治理中的四次危机（进步主义时代的阶级冲突，经济大萧条，新社会运动浪潮，次贷危机与金融危机），避免如同受"华盛顿共识"影响的拉美国家那样，因局部改革陷入转型危机而导致经济衰退。

中国建构发展模式，坚持"循序渐进、逐步完善"的原则，不搞"一步登天"，而要试验，典型引路，分批推进改革。以经济市场化改革为例，分四步走，第一步是1979~1984年推出小规模零星商品交易市场，第二步于1985~1992年出台各类与市场制度相关联的改革政策和方案，第三步在1993~1999年形成市场经济作为整体开始主导全国经济格局，第四步从 2000 年以来调整市场化改革进程，协调经济与社会的平衡发展。

中国模式在逐步建构中不断完善，"十二五"规划为完善模式指明方向，如在坚持"中央集权、地方分权"的同时，改变对地方政府行为的激励方式，使其职能定位由经济建设型向公共服务型转变。又如在加速转变经济发展方式的同时，以完善社会保障和扩大基本公共服务为重点的改善民生、扩大内需；以农民工市民化为重点的城镇化发展；以提升中高端产业竞争力为重点的产业转型与升级，以促进节能减排、增效和生态环境保护，降低单位 GDP 碳排放为重点的绿色发展；推进资源要素价格改革，更充分地发挥价格机制的基础作用；深化国有企业和垄断行业改革，大力推动自主创新；等等。

（2011 年 2 月）

27 从经济人到社会人

一 关于人的假设是经济学与管理学研究的出发点

亚当·斯密的自由主义经济学是以理性经济人假设为基础的,泰勒的科学管理学强调以人为主而劳动,其劳动动作是可分解的,从而去掉多余的动作,是以提高生产率为基础的,列宁称之为科学的"血汗"制度。

经济学家与管理学家西蒙发现和证明人的理性是有限的,而非完全的,只有满意解,没有最优解,这与信息的不充分不完备和不可能无代价地获得完全信息有关。

现代经济学还提出,在随机的、不确定的情况下,人们决策和管理中的非理性也是合理的、不可忽视的,排斥非理性、只讲理性是错误的。

下面的讨论,凡讲到理性的地方,指不排斥非理性的有限理性。

二 从经济人假设到社会人假设的转变

无论是经济学还是管理学,经济人假设已被或正在被社会人的

27　从经济人到社会人

假设所取代。

经济人不是孤岛上的鲁滨孙，而是群居在社会中的成员，他们必然同时是个社会人。

任何经济问题都不是单纯的经济问题，必须联系社会、政治、文化、环境等因素加以研究，跨经济、超经济研究越来越普遍和重要。

对人的管理不能离开团队、离开组织，管理是基于组织的，没有组织就没有管理。在管理学中，马斯洛是最先把人作为社会人来研究其需要的专家。

三　从一元理性到二元理性的发展

经济人理性是一元理性，即只有个人理性，经济人追求个人利益最大化，并不一定给社会带来利益，危机频发的经济实践证明了这一点，纳什的博弈理论也表明，局中人相互串谋合作方有共赢的最优解。

在经济学中对个人理性虽然有很多的讨论，如关于利己和利他的关系，小我与大我的关系等，是专门利己毫不利人，还是毫不利己专门利人呢？是小河有水大河满，还是大河无水小河干呢？争论不休。

要跳出这个圈子，必须像把理性与非理性对立统一的相互结合一样，有必要树立二元理性观，即个人理性与社会理性的对立统一。

个人理性是基础，社会理性是前提，缺一不可，相伴而行。当经济人假设转变为社会人假设时，一元理性就发展为二元理性了。

四　发挥社会资本与社会组织的作用

与个人理性相结合的社会理性，要靠社会资本来体现，要靠社会组织来实现，从社会理性到社会资本，再到社会组织，一步步具体化，成为实践，产生无穷的力量。

社会资本的概念，最先是由社会学家提出来的，现在不仅被经济学家广泛接受，且有很多研究，狭义的社会资本，是基于信息、信任和信用基础上的社会关系、社会网络，广义的社会资本还包括社会习俗、社会规范、社会制度等，它们是无形的，却十分重要。

资本既是物质，又是关系，它从货币资本、物质资本发展到人力资本、社会资本，人力资本总是与社会资本紧密地联系在一起，两者均为活的资本。超人乔布斯生前在苹果公司成立不久后，因与公司意见不合愤然离去，而后又被请回，使苹果公司死而复生，这表明像乔布斯这样的人力资本以及他身上体现的社会资本是多么重要啊！

信息非对称，产生逆向选择和道德风险，导致市场失灵，信号理论、甄别理论、委托代理理论等，都是为了弥补市场缺陷而兴起的，政府干预更是应运而生。但由于同样的原因，政府也会失灵，特别是在腐败滋生的情况下。这时社会组织会逐步兴起，它是代表社会理性的一支重要力量。

社会组织的作用有四个：①与政府、市场一起，共同治理经济与社会的发展，三足鼎立，各自发挥优势，相互补缺。②用自组织来补充他组织，促进社会动态演化。③更好地处理和解决经济发展的负外部效应问题，如环境保护、生态优化等公共性问题。④促进公平正义，保障代内公平与代际公平。

非政府组织、非营利组织、行业协会、社会团体、慈善机构、志愿者队伍，各种社会组织越发达，说明这个社会越成熟、越进步，信息社会是通过社会组织张扬社会理性的社会。

五 坚持可包容发展和可持续发展

从社会人假设出发，到社会理性、社会资本、社会组织，再到社会发展，一条线下来，就可促进科学发展、和谐发展。

这种科学发展、和谐发展，在空间上是包容性发展，因为社会是多元的，要维护社会生态，相互包容，共同演进。在时间上是可持续发展，先行的发展要为后续的发展创造条件，开辟道路，不能是短期行为，"堵子孙的路"。

发展是无止境的，在发展的道路上，犹如逆水行舟，不进则退，只有与时俱进，才不会被时代所淘汰，在发展中求得自由，达到人自身充分发展的目的。

（2011 年 8 月）

28
企业家领导力及其重要性

一 企业家领导力的科学含义

企业家是企业的领导,他的领导力也就是企业领导力。这种领导力可以是个人的,也可以是团队的、部门的,当它成为一个体系时,也就是整个企业的。一些企业多的是领导,少的是领导力。

企业家领导力是一系列能力或关系、行为的组合,这种能力是以企业家的意志、理念、愿景、使命、核心价值观来引领、团结全体员工为之奋斗的一种特殊技能,这种关系是促使员工自觉自愿、自主而又自组织地为实现企业目标不断努力的一种特殊的人际关系,这种行为是能激励人们充分发挥潜力的一种特殊的组织行为,它包括企业家的洞察力、预见力、决策力、执行力、控制力、感召力、影响力等,有时个人的魄力与魅力也是很重要的。

企业家领导力有三种类型:①强制型,依靠权力迫使被领导者服从;②诱导型,用增进利益的办法,激励被领导者跟随前进;③原则型,通过一系列制度、法规,按规范或原则处理与调整领导者与被领导者的关系。这些类型之间的关系不存在孰优孰劣的问题,而是在共存的条件下不同阶段不同单位孰主孰次的关系。

企业家领导力是长期形成的，由于它是企业竞争中的软实力，需要把它作为完整的体系加以建设。我国改革开放30多年来，由于多数企业缺乏企业家领导力，因此企业寿命不长，平均寿命尚未超过3.6年。美国具有百年创业史的IBM公司，在1993年和2003年先后两次在企业转型过程中制订了明确的企业领导力模型，由此使该公司成为全球最具领导力的企业。对于现代企业而言，有无卓越的领导力，是个极具挑战性的问题。

二　企业家领导力的构建、延续、转型与扩大

企业家领导力需要在企业家精神、企业文化的土壤上来构建，如我国民企"海底捞"的张勇认知员工为什么而活着，使他们实现自身价值；"好利来"的罗洪自觉向员工"输液"，让他们觉醒；IBM创始人老托马斯·沃森在1911年提出"三必须"的基本信念：必须尊重个人，必须给顾客以最优服务，必须追求优异业绩；1950年，小托马斯·沃森又重构IBM的领导力，告别"高度集权于个人的服从与执行"的传统模式，因而使自己成为世界百强的商业领袖。

企业家领导力是可传承的，有延续性，不能因人而立或因人而废，它要体现在员工之中。自改革开放以来，中国已有改革派、下海派、海归派三代企业家，他们都有创业与接班的问题，即使在中国最有领导力的企业，如海尔集团、联想集团，前者的张瑞敏至今放不下手，后者的柳传志一度不得不再次披挂上阵，企业家领导力的代际更替并不容易。IBM公司的领导力从老沃森到小沃森再到郭士纳、彭明盛一代一代地延续下来，并推陈出新，更加卓越。

企业家领导力在延续过程之中还需要转型升级，从较低阶段提升到较高阶段，如品牌领导力，把品牌放到领导力的战略高度，所说的品牌不是借以促销的产品品牌，而是用来确定企业定位塑造企

业文化、引领员工前进的企业品牌，如 IBM 从 1924 年开始致力于铸造企业品牌，强调创新勇气和服务精神，使 IBM 成为"蓝色巨人"，该公司 100 年来的最大成就不是别的，就是造就 IBM 人（"蓝血人"）。

企业家领导力还会向企业外扩展延伸，首先波及一定的"场域"，如往外的营销渠道和销售点，往上的供应链，整个的产业链和价值链，如 Google 的 CEO 斯密特于 2007 年提出和推行的"云计算、云服务"，同年 IBM 也建立蓝云平台，并于 2008 年提出"智慧地球、智慧城市"等新概念，引发了新一代的 ICT 发展浪潮。世界 500 强拥有卓越领导力，往往通过重塑商业模式、履行社会责任等方式，扩大他们的影响，传播他们的普适价值。

三 企业家领导力是企业竞争力的首要因素

企业竞争力是企业在市场环境中同其他企业相比，利用知识、技能、资源谋求利润和提供企业价值的生存发展能力。它的强弱决定于该企业的制度、文化、资源、能力、管理等诸因素。

对于 1990 年提出的企业核心竞争力这个新概念，我曾分析过核心竞争力的五对特征：①独特性和关联性；②内生性和延展性；③整合性和专致性；④积淀性和增值性；⑤占优性和持久性。这种竞争力的思维方式不是由外向内被动地适应客观环境，而是从企业的异质出发，由内向外主动地改变环境以追求卓越，核心竞争力主要由企业的发展战略、创新能力、优秀人才、企业精神等因素来决定。

无论是一般竞争力还是核心竞争力，归根到底，人是最终的、最重要的决定因素。知识、技能的载体和主体都是人，资源要靠人去开发、利用、整合，企业制度与企业管理的确立、执行和完善，不能离开人的努力，企业文化和企业精神依附于人的身上，由人来体现，企业发展战略同样需要人去制订与实施，创新的主体是人与人才，人才是特定的经过培育和训练的那部分人。

企业家领导力正是人与激发人的一种特殊力量，被领导者"知事"就够了，领导者则必须"知人"、尊重人、关爱人，与人心心相通，善于选人、育人、用人、留人，调动人的首创性、主动性、积极性，把人的实力和潜力最大限度地发挥出来，做到"人尽其才"。最具领导力的企业，一定是最富有竞争力的企业，企业家领导力必然是企业竞争力的首要因素。

四　企业家领导力是企业转型成败的关键

在人类发展的历史长河中，由于时空变迁、科技进步、文明演化等原因，社会在转型，经济在转型，企业在转型，转型期是企业及其管理发生质变的时期，如粗放型发展向集约型发展的转变，劳动密集型向知识密集型的转变，贴牌生产型向自主型、创新型的转变，"三高"（高消耗、高排放、高污染）企业向低碳绿色企业的转变等，各种转型不一而足。

企业家领导力是推动企业转型的引擎，完成企业转型的保障，反过来说，企业转型的成败是对企业家领导力的考验。在技术与市场的剧烈变动中，及时调整企业定位，为企业指明新的发展方向，重新配置与整合企业内外部的资源，统筹兼顾企业的利益相关方，减少摩擦，平稳过渡，实现企业升级。只有具备卓越的领导力，才能使企业基业长青。

以 IBM 1993 年企业转型为例，当时该公司面临巨额亏损，存在分拆解体的危险，这个"蓝色巨人"几乎快要倒下了，新加盟的 CEO 郭士纳力挽狂澜，革新企业领导力，首次制订领导力模型，在较短的时期内，就把 IBM 从以硬件为主转型为以软件和服务为主，使硬件的比重减少到 16%。

再以 IBM 2003 年的企业转型为例，由新的 CEO 彭明盛为该公司的掌门人，他发现企业内部只追求自己的成功，合作不到位，就把跨部门、跨企业协作，横向思维与交流纳入领导力要素，以提供"解决方案"为工作目标，使企业向高增加值方向发展，并进行全球整合，2004年又提出新的领导力模型，使IBM成为新一代信息产业的标志性企业，目前IBM公司有40万名员工，分布在全球170多个国家。

（2011年8月）

29

美债危机说明什么

一 美国信用缺失，领导力下滑

美国是否已经发生债务危机，对此有不同意见：认为尚未发生或不会发生的，强调美国印钞还债，违约的概率等于零，无偿付危机，由于欧债危机更严重，在短期内美债流动性好、收益率高；认为美债危机已经发生或必将发生的，强调美国用美元贬值的办法稀释债务负担，要全世界为其埋单，是世界经济的"血吸虫"，美债危机还反映出美国的政治危机、民主危机，置美国国民利益以及其他国家人民利益于不顾，这说明有信用危机、管理危机和派生的危机。

2010 年 7 月，大公国际就把美国信用从三 A 降为 AA+，当时蒙受各方压力，2011 年 8 月 5 日，三大国际信用评级机构中的标准普尔，在 8 月 2 日美国两党恶斗妥协，达成 10 年内美债上限提高 2.1 万亿美元后，毅然决然地调低美债信用等级，从 AAA 降到 AA+，引发 8 月 8 日全球股市黑色星期一，股市狂泻，世人普遍担心美国将实行第三轮量化宽松政策，祸及新兴经济体。

美国债台高筑，已超过 14 万亿美元，接近于一年的 GDP（占 GDP 98%），已 78 次调高债务上限，这次是第 79 次了，虱多不痒,且冰冻三尺非一日之寒,在克林顿执政时,债务还只有5万多亿美元,财政还有盈余,但在小布什8年任期内,有7次提高了债务限额,一方面不增税还减税,另一方面两场战争(伊拉克、阿富汗)花掉了40万亿美元,还增加了医疗保险支出,使国债总额猛增接近10万亿美元,且财赤扩大,奥巴马接下了烂摊子,增税不能,减赤困难,又要增加社保支出,连续三年财赤占GDP的10%,只能继续举债。

三年前,美国由次贷危机爆发金融危机,殃及全球,美国患病,各国服药,现在美国在经济危机尚未消除的情况下,因两党争斗引发国债危机,又要通过增发美元,向世界转嫁危机,上一次是华尔街银行信用重创,五家投资银行不是破产就是重组转型,这一次财赤加高债,华盛顿政府信用受损,尽管美国领导人口口声声称美国仍是世界老大,但心有余而力不足,美国的信誉再次受挫,对世界的领导力下滑,对世人的吸引力减退,越来越多的人开始思考美国的制度是否出了问题,连某些美国议员也呼吁要终结联邦储备委员会。

二 美国由兴转衰,中国和平崛起

1. 1900年,大英帝国由兴转衰,美国崛起接替英国坐第一把"交椅",经过两次世界大战和美苏冷战,美国成了唯一的超级大国,1900~2000年是美国鼎盛的100年,进入21世纪后,美国遭受"9·11"恐怖袭击,陷入了文明冲突的泥潭,出兵攻打伊拉克、阿富汗,接着发生空前的金融和经济危机,而今又遭遇主权债务危机。痛失保持70年的AAA,与三年前相比,问题多了而办法少了。这是否意味着美国由兴转衰?

2. 对于这个问题是有不同意见的。赞成的认为,世界正由一超往多极化发展,美国即使没有走向衰落,至少也已矛盾百出,不能"一统天下"了。反对的认为,美国的制度还有活力,世界大多数创造发明出自美国,新兴产业仍由美国领先,它迟早会摆脱困境,恢复超强地位。还有一种观点认为,一个国家崛起难而慢,衰落却容易而又迅速,尽管瘦死的骆驼比马大,出现拐点后,崩盘难以预料。

3. 美国由兴转衰,世界领袖地位和美国模式吸引力蒙受阴影,这对中国的和平崛起或和平发展来讲是难得的机遇,在中国经济受到一定牵累的情况下,重要的是世界货币体系和全球经济秩序的改变和重构,中国会有更大更多的话语权,人民币会加速国际化,有可能成为一种重要的世界储备货币,中国作为新兴经济体中的最大的发展中国家,会在稳定世界经济发展方面发挥更大的作用,在维护世界政治经济秩序中产生更大的影响。

4. 美国在取代英国成为世界领袖的过程中,1910年成为最大的制造国,1947年成为最大的债权国,中国至今虽然也已成为世界制造中心,是美国最大的债权国,但中国要取代美国的地位还有很长的路要走,至少还需要20年。因为中美两国处于不同的发展阶段,人均GDP中国只有美国的1/10,美国人口结构总体比中国年轻,在资源、科技、研发、创新、品牌强势企业等众多方面,中国仍远远落后于美国,当然从发展势头来看,中国虽然有不少问题,但属于发展中的问题,而美国的问题则是衰退中的问题,一个是向上的,一个是下滑的,可以说是和平崛起对应着和平衰退。国际上有一种估计,紧接着两次危机后,美国有可能像日本那样,陷入长期的衰退中,但这种观点并不占上风。

三 中国必须摆脱美国的绑架

由于中美两国各自经济失衡,通过进出口贸易和投融资活动,形成互补,中国巨额贸易顺差,换回美元,买进美债,虽也有欧债与日债,但美债占世界国债市场的55%,且条件较好,我国已买进1.2万亿美元,占整体美债的8%,更值得注意的是,近10年来,美国国债与中国外储几乎同时成倍增长,中国的外汇储备已达

3.2万亿美元，美元占了1/3。美国推行"债务外交"，压中国买其国债，压中国人民币升值。

美债信用降级，加上美元连续贬值，使作为美国最大债权国的中国蒙受巨额损失，有人估计达几千亿美元，虽然中国郑重声明，要求美国保证投资国的债权安全，中国还采取币种多元化调整外储结构，但在美元仍是主要的世界货币，且美债相对于欧债、日债仍较有利的情况下，中国始终为美国所绑架，是否只能"同舟共济，共渡难关"呢？

这个问题确有两面性，一方面须同美国合作，求得双赢，这是历史造成的，G2成了难兄难弟；另一方面必须力争主动，松绑、脱绑，挣脱美国留给我们的"羁绊"。首先要立足国内，把经济与金融搞好，深化改革，加强发展方式转变，扩大内需，增加消费，彻底改变出口导向型与投资驱动型的经济模式。

另一方面，应认真研究外汇储备的合理规模，优化结构，以及藏汇于民的出路。这是当前我国数量经济学应研究的一项重要课题，谁都承认，我国的外汇储备多了，但到底多了多少，要充分估计巨额外汇储备的风险，有必要稳步放开资本账户管制，放宽个人用汇额度，鼓励民间企业向外投资，政府应为他们探路，创造条件，保证企业海外投资安全。

（2011年8月）

30
关于人民币国际化问题

一 怎样认识人民币国际化

中国自改革开放以来,人民币长期是不可自由兑换的非国际化货币,经常项目的管制虽然已在 1996 年放开,但资本项目的管制至今尚未完全放开,这对经济发展免受 1997 年亚洲金融危机和 2008 年美国引致的世界金融危机冲击起到了设防的良好作用。

世界金融危机给全球经济带来灾难,以及美国缺失应有国际责任的对策,使世人进一步认识到由美元主宰的世界货币秩序的不合理性,有必要提高新兴经济体在国际货币基金组织的话语权和决策权,在欧元受主权债务危机牵累陷入困境,日元国际化并不成功的情况下,人民币国际化随着中国经济的迅速崛起自然便被提到议事日程上来。

人民币国际化就是把人民币从中国的本币转变为非中国居民认可和信任、可自由兑换、世界通用的国际货币的过程。这种国际货币具有三种功能:国际贸易计价结算、国际资本交换、国际储备货币。有两种国际货币,一种是外围的非国际本位货币,如欧元、日元等,另一种是核心的国际本位货币,如美元。上述转变过程是漫长的,是逐步实现的,有人估计需要 20~30 年。

凡国际货币都是可自由兑换的，但自由兑换的货币不一定是国际货币，这说明资本项目放开管制是人民币国际化的必要条件而非充分条件，除这个条件外，人民币国际化还须创造有管理的自由浮动汇率机制、利率逐步市场化、金融市场及其监管的规范建设、贸易结构和经济结构的必要调整、经济发展方式转型升级，以及国外人民币市场的扩大和回流机制等一系列条件。

有人认为2010年是人民币国际化的元年，也有人认为2011年是人民币国际化年。近几年来，人民币国际化的步伐在加快，中国在从经济大国向经济强国的转变中，必须和必然提高人民币在国际货币体系中的地位，至少应使中国成为货币大国。这也是新兴经济体国家所期盼的，国际货币多元化趋势是不可阻挡的，人民币正在成为国际货币基金特别提款权"一篮子"货币中的重要货币。

人民币国际化有利弊得失权衡问题，可进行成本收益分析，其成本主要表现在防治风险、稳定金融和经济所产生的一切支出和损失，收益主要表现在有利于企业和居民扩大经贸和投融资活动，走向全世界，而对政府则有利于在国外发展人民币债券市场，还可收铸币税，即通过发行国际货币及其储备而向其他国家政府和居民收取高于印钞成本的收入，如美国每印100美元的钞票，其成本为0.06美元，美国铸币税收入占其GDP的0.43%。

人民币国际化要想取得成功，应借鉴美元、欧元、日元等主要币种国际化的经验或教训，美元的国际化是最成功的，欧元的国际化存在结构性矛盾，日元的国际化则是失败的，不论成败都有主客观原因。人民币国际化必然会遇到美元的阻碍甚至打压，同欧元尤其是日元，还有合作与竞争的关系，处理好了，有利于推进人民币国际化进程，应变阻力为助力。

二　怎样推进人民币国际化

首先要明确人民币国际化往什么方向和目标推进。从方向来看，人民币的国际地位应与中国经济的国际地位相适应，从目标来看，人民币在国际贸易结算、国际资本活动和国际储备货币中的比重至少应与中国 GDP 占世界 GDP 的 6%～7% 相适应，而这个比重还在提高中，所以应力争人民币成为世界排名在前两、三位的主要国际货币。

人民币国际化要两条腿走路，一靠市场演进，二靠制度建设，这两者还要相互协调。市场演进包括资本市场、债券市场、期货市场、信贷市场、货币市场的进一步改革开放，以及汇率、利率的自由化、市场化等。制度建设包括金融监管的规范与创新、金融风险的防范与治理、人民币离岸市场和上海金融中心的建设等。

人民币国际化的路径选择至关重要。这有两个维度，一是空间维度，二是功能维度。从空间维度来看，应先近后远。从功能维度来看，应先易后难。第一种路径选择，先从周边国家开始，再到亚洲地区，最后遍及全球。这比较现实，我国已与 14 个陆地接壤的国家用人民币进行边贸、外贸的计价结算，人民币已在不少国家流通，甚至成了仅次于美元的第二硬通货，在东盟 10＋3 的范围内，推进人民币国际化比较容易，但不能走"亚元"之路，三个阶段的推进也不能机械地对立起来，我国已同时与非亚洲国家如智利等签订了两国货币互换协议。

第二种路径选择是从进出口贸易计价结算货币开始，到资本交换货币，最后到国际储备货币，踏上第一阶段较为容易，而且进展较快，要进到第二阶段，亟须尽快解决一些制度障碍，如债券市场、资本市场不够发达和健全，至于第三阶段则是水到渠成之事，这与我国的综合实力不断增强有关，当然也与人民币币值稳定、坚挺及其美誉度有关。上述三个阶段还可适当交叉结合。

人民币国际化须靠政府、银行、企业三方面协力共同推进，政府应加强与其他国家政府的合作，发展双边和多边的货币互换协议，疏通人民币输出和回流的渠道，通过扩大人民币的国际影响，银行应在境外增设网点，开展代理业务，建立健全清算系统，企业在政府与银行的帮助下，要降低用人民币计价结算的交易成本，增强人民币议价能力，提高人民币在贸易结算和资本交易中的比重。

发展香港特区人民币离岸市场和建设上海国际金融中心，是推进人民币国际化的重要措施。香港特区有特殊的优越条件，国际经贸和国际金融联系广、影响大，有利于整合两岸四地的货币，人民币业务已有一定的基础和规模，作为重要的人民币离岸市场，还会波及中国台湾、东京、伦敦等地。上海国际金融中心的地位已在"十二五"规划中确立，作为人民币在岸市场的上海，还能与香港特区互补、互助、互动。

人民币国际化是有风险的，潜在风险大，这与不确定性和制度空隙、管理不当有关，还与国际资本的套利、投机和袭击有关，必须防范和治理风险，宏观上要加强金融调控，微观上要加强金融市场建设，特别是要对跨境资金流入流出进行跟踪、监测、预警和管理，还须对多元化的各种外债进行统一的、精细的管理，避免发生债务危机和其他金融危机。

三 怎样关注人民币国际化进程

人民币国际化不仅关系到我国的经济发展与金融深化，而且还关系到国际货币体系变革与全球经济金融秩序的优化，一定要加以密切关注。首先应关注人民币国际化模式创建问题，现有的美元模式、欧元模式、日元模式，均不适合我国，但对人民币模式的创建各有可取之处，如美元模式抓住有利机遇，欧元模式发展区域合作，日元模式注重市场化改革等。

为保证人民币国际化积极稳妥地推进，必须关注有关因素交叉改革发展的必要程序，比方说，人民币汇率形成机制的改革、利率市场化的改革（通过存款理财化和贷款证券化）、资本账户完全开放、人民币离岸市场和在岸市场的建设，这四项工作，同包括扩大人民币国际需求量在内的整个国际化进程，既要同时迈步、交替进行，又要循序推进，这个程序是很重要的。成功在于细节，稍有疏忽，就有风险，造成损失。

作为数量经济学研究工作者，自然需要关注人民币国际化的成本收益分析，无论是整体的还是单项的，无论是近期的还是中长期的，都要就成本（代价）与收益（效果）进行对比分析，尽可能加以量化，以指导人民币国际化工作，这里有许多课题要做，其中还会涉及人民币均衡汇率的计算，用人民币结算的进出口占全部进出口的比重是否对称等问题。

（2012年2月）

31 关于企业理论之探讨

一 何谓企业理论

企业理论是一种研究企业的实质、边界、规模、成长与发展的理论。学习企业管理，有必要了解企业究竟是什么，这种认识对选择管理的方式方法、技术和工具，以及改进管理，有特殊的重要意义。

对于企业理论，经济学历来有较多、较深入的研究，而在管理学中，往往是把企业作为现存的生产经营组织来看待的，偏重于研究企业的组织类型（如个人私有制、合伙制、公司制等）和结构（如科层型、矩阵型、网络型等），这又一次证明经济学是管理学的重要基础之一。

一定的企业理论总是同一定的管理理论相对应的，可以说它们之间是相互影响的。基于知识把企业视为学习型组织的企业理论，呼唤着企业的知识管理，从而产生了知识管理理论。企业的协同管理及其理论，催生把企业视为复杂的协作系统的以增进综合效益的企业理论。

传统经济学的企业理论，认为企业是把投入变换为产出的一个"黑箱"，以追求利润最大化为唯一目的，因此就有分解工人操作以提高生产效率和降低生产成本为管理手段的传统管理学的科学管理理论，而现代经济学的企业理论认为企业是多元利益相关者的统一组合，随之也就有了兼顾股东、员工、供应商、消费者等各相关方利益的现代公司治理管理理论。

以柯斯为代表的新制度经济学企业理论，引入交易成本、社会资本、产权和契约等因素，认为企业是市场的替代物，这个理论本身正是柯斯长期观察、研究流水线生产的社会化大企业的新发现，外购不如自制，扩大了企业边界，而现在又发展到自制不如外包，又缩小了企业边界，随着企业规模的改变，企业管理必然也就发生变化。

二 有哪些企业理论

为简单计，大体按提出的时间，列举各种企业理论，仅就企业的基本定义而不细述各自的优劣，以便让大家更清楚地了解不同企业理论的主要内容和特定背景。

1. 在以亚当·斯密为代表的古典经济学中，企业理论还只有一个雏形，它就是一群人按专业分工协作的生产体，它能提高生产率，促进交换，催生市场，但又受市场范围大小的限制。亚当·斯密的分工学说为后来出现企业理论奠定了基础。

2. 以马歇尔为代表的新古典经济学提出企业"黑箱"说，认为企业是把资本、土地、劳动等生产要素，在既定的技术水平下，变成市场需要的最大数量产品以获取最大限度利润的生产经营组织，只关注这个"生产函数"两端的输入与输出，而把中间的变换过程视作一个"大黑箱"。该理论只重视企业的生产属性，只关注有形的"硬资源"，不考虑企业的内部关系，也不考虑企业的交互关系与制度等因素。这是与当时的手工作坊、工场制、工厂制相适应的。

3. 以柯斯为代表的新制度经济学提出交易成本说，认为企业是市场的替代物，是用权威和命令的行政机制取代价格机制以节约交易费用来配置资源、协调行为的经济组织，该理论关注企业的交易属性，重视人们之间的互动关系，引入了产权和契约等极其重要的概念，大大开拓了企业的治理空间，对现代大企业的出现、边界和成长动力有较强的解释力。

4. 新制度经济学的企业理论作为主流的现代企业理论，又有几个分支，如威廉姆森等人的资产专用性理论，认为企业就是运用专用性资产的组织，专用性资产是支撑交易的，其运用可降低交易成本。又如张五常等人的间接定价理论，认为企业是用间接定价来取代市场的直接定价，企业与市场一样，是资源配置的另一种手段，企业与市场可以相互替代。

5. 1972年，阿尔钦、德姆塞茨提出团队生产论，挑战交易成本论，重申企业的生产功能，关注企业的内部结构，认为企业是需要计量、监督和激励的团队生产组织，主张把剩余控制权和剩余索取权交给企业家，企业家要能利用信息和降低信息成本，市场要有一系列契约，而企业只需要一个总的契约。

6. 斯彭斯、莫里斯等人提出委托代理关系论，认为企业是由多重委托代理关系构成的组织，注重企业的内部结构，把代理成本引入企业理论，把信息非对称理论运用于企业的权力结构和激励机制，在所有权与经营权分离的情况下，根据参与约束和激励相容的原则，设计最优激励方案，避免签约前的逆向选择和签约后的道德风险，使委托人与代理人合作共赢。该理论不回答企业的产生与成长问题。

7. 为挑战股东至上和外部控制的公司治理模式，有一批学者又提出企业的利益相关者理论，认为企业是各利益相关者的整体制度安排，而非各种资产堆积。利益相关者可多维细分，如股东、雇员、债权人、供应商、消费者、社区、政府等，统筹兼顾各方利益，促进企业可持续发展。该理论正在成为现代公司治理主要模式的基础，但有待于进一步完善和发展。

8. 随着企业社会功能的扩展，在讨论企业各群体利益的基础上，霍华德等学者还提出了企业社会责任论，认为企业是负有一定社会责任的组织，其功能不限于经济方面，还包括如保护环境和生态、赞助社会公益和慈善事业等。

9. 20世纪90年代至21世纪前10年，有些学者用知识理论研究企业问题，提出基于知识的企业理论，认为企业是知识一体化的制度，是获取、吸收、利用、共享、保持、转移和创造知识的学习型组织，强调企业的活力来自知识，企业的异质性在于企业知识积累与知识水平的差别，企业对知识的管理，包括显性知识与隐性知识的管理，以及两种知识转化过程的管理。

除以上九种较为成熟的和较有影响力的企业理论外，还有一些已成型的和正在形成中的企业理论，如奥地利学者提出的基于秩序研究的企业理论，基于市场过程研究的企业理论，基于人类行为研究的企业理论，第一种理论认为企业是具有自发秩序特质的组织，它不同于市场而又产生于市场；第二种理论认为企业是一种协调机制，其存在与非均衡的市场过程有关，强调企业家精神的重要作用；第三种理论认为企业是鉴于协调的一种制度，企业的边界在于资本组合效果，企业的成长须通过降低协调成本来实现。再如新兴的演化经济学以创新、竞争、资源创造、动态能力为基础，提出内生成长的企业理论，认为企业是依靠核心资源和能力动态成长的有机体。另外在现实中存在两种流行的企业观，一种是以企业功能多而杂为特征的大型企业观，认为企业是复杂的协作巨系统，所有元素都是相互依存、彼此制约的。另一种是以企业功能少而专为特征的小微企业观，认为企业有新、专、特的一技之长即可，企业虽然小但作用大，在社会经济生活中是不可或缺的。总之，企业寿命有长有短，企业存活数量潮起潮落。任何企业理论均应与时俱进，动态演化，发展无止境。

三　探讨企业理论之启示

企业作为社会和经济发展到一定阶段的产物，它是不断变化的，因此，特定时期就有特定的企业理论，绝不会有一成不变的企业理论，也不会有一成不变的企业管理理论。

不同的企业理论是从不同视角考察研究企业的结果，无论是从生产属性来看企业，还是从交易属性来看企业，或者从生产与交易相结合的属性来看企业，只要角度不同，就会有不同的企业理论。

企业理论的演变，反映企业拥有的无形的"软"资源逐步超过有形的"硬"资源的变化过程，从物质资本依次发展到人力资本、智力资本、社会资本，也反映出从外部研究企业转向内部研究企业的变化过程，以及企业纵向一体化与横向一体化的扩张趋势，特别是对企业的动态研究取代了对企业的静态研究。

企业理论的研究总是落后于企业的实践发展，在当今经济全球化、市场全球化的条件下，跨国企业和多国企业日益流行，原有的现代企业理论亟须发展。从全球产业链与价值链的视角来扩展企业理论，不失为一个重要方向。

（2012年2月）

32

中等收入陷阱探秘

一 中等收入陷阱的含义与表现

中等收入陷阱（Middle Income Trap，MIT），是指一个国家或经济体人均收入（GNI 或 GDP）达到世界银行规定的中等收入水平后，由于社会和经济问题丛生，经济增长长期停滞、徘徊甚至倒退，难以进到高收入发展阶段的一种不可持续的非稳定均衡状态。

MIT 这一概念，最早是由世界银行在《东亚经济发展报告（2006）》《东亚复兴：关于经济增长的观点》等报告中提出来的，世界银行还与中国的财政部、国务院发展研究中心合作，研究过旨在寻求中国跨越中等收入陷阱之路的问题，故 MIT 不仅与世界银行总结拉美和亚洲一些发展中国家的增长经验有关，而且对 2010 年成为世界第二大经济体、人均 GDP 达到 4382 美元的中国，也有针对性的警示作用。

对 MIT 一词，我国学界也有一些异议，如认为"陷阱"用词不当，MIT 缺乏理论支持和经验依据，可能是个"伪命题"等，但我认为研究发展中国家的成长经验，了解 MIT 及其表现，分析其成因，揭示其实质，借以认清发展中国家在特定发展阶段面临的挑战，据此调整发展战略和转变发展方式，避免经济停滞与倒退，还是很有意义的。

若以人均 GDP 3000 美元、1 万美元作为进入中等收入、高等收入国家的门槛，在目前全世界 215 个国家和地区中则有 87 个低收入国家（地区）、56 个中等收入国家（地区）、72 个高收入国家（地区），这是哑铃型而非橄榄型的分布格局。在曾经处于中等收入阶段的 128 个国家（地区）中，凡以少于 15 年的时间经过持续、平稳、均衡的经济增长，突破人均 GDP 1 万美元且没有徘徊迅速增至 2 万美元，就被认为跨越了 MIT，如新加坡、韩国以及我国的台湾地区和香港特区等，否则就被认为掉入了 MIT。

掉入 MIT 国家有两种情况，一种是停留于中等收入阶段的时间超过了 15 年仍未通过人均 GDP 1 万美元关口的国家，如阿根廷、墨西哥、马来西亚、菲律宾等。另一种是耗时 15 年甚至 20 年以上，人均 GDP 虽然达到 1 万美元水平，但仍在附近徘徊、前进乏力的国家，如智利、巴西、委内瑞拉等。

上述两种情况表明，发达国家由于实现工业化和城市化早，成效卓著，跨过中等收入门槛也早，迈入高收入阶段早且顺利，不存在 MIT 问题，该问题只产生于发展中国家，它们中有些国家进入中等收入阶段后，原来跨越低收入阶段"贫困陷阱"的发展模式，既不能重复又不能摆脱，导致产业结构提升困难，生产效益提高缓慢，严重影响其突破高收入壁垒，这是一种发展风险。

中等收入国家可能遇到 MIT，其实低收入国家、高收入国家何尝没有发展陷阱呢？在低收入阶段，主要是贫困陷阱靠扩大发展规模把"蛋糕"做大来解决，在高收入阶段，遇到陷阱的国家也不少，主要是"创新陷阱"，最明显的例子就有日本，创新跟不上，长期处于经济停滞状态，相对而言，在中等收入阶段，主要是"效率陷阱"，效率无法提高。

二 掉入中等收入陷阱的原因与关键

1. 处于中等收入阶段的发展中国家长期掉入 MIT，不能自主跃上高收入阶段的原因有很多，首要的原因是贫富差距过大，基尼系数突破0.4，甚至超过0.5，跨入中等收入阶段所取得的发展成果没有为全体民众所共享，严重挫伤绝大多数人的积极性，甚至引发暴动，如在墨西哥，不仅收入分配差距在扩大，资本收入远多于劳动收入，而且财富分布更不平均，10%的富豪拥有90%的社会财富，违反公平正义原则。

2. 失业率尤其是年轻人失业率持续居高不下，通常会突破8%的警戒线，且工作岗位与劳动技能不相匹配，结构性失业严重，产业结构调整与人员培训跟不上，大量劳动者游离于产业之外，影响到经济发展与社会稳定。

3. 消费层次与消费率偏低甚至过低，恩格尔系数通常高过30%，而消费率却低于50%，在社会保障水平低的情况下，更加抑制了居民的消费能力，破坏了向高收入阶段前进的主要动力机制。

4. 物价水平很不稳定，通货膨胀高达两位数，甚至三位数，形成了恶性通胀的惯性，货币不断贬值，甚至贬了一半多，威胁经济发展和社会稳定，这在拉美的阿根廷、巴西等国特别突出。

5. 教育投入、研发投入双不足，教育支出占GDP比重、研发经费占GDP比重均远低于国际平均水平，前者一般低于4%，后者一般低于1%甚至更少，这导致人力资本量少质差、自主创新严重乏力，影响经济和社会长远发展，缺乏后劲。

6. 劳动、资金、土地、能源、物料等各种生产要素产出率或利用率均低，反映技术进步和管理效率的全要素生产率也低，廉价劳动力等比较优势丧失，竞争力下降，加上高排放、高污染严重破坏环境和生态，发展难以持续，民主政治不稳定，官员腐败盛行，政府调控能力差和服务效率低，社会运转效率也低，这一切都影响产业升级、经济转型、社会前进。

7. 以上列举的各点是从绩效和效率两个方面来分析的，东亚特别是拉美一些国家掉入MIT的原因，关键还在于发展战略变革和经济结构调整难,发展方式迟迟转变不过来,这有赖于深入改革,扩大开放。

三 中国应警惕掉入中等收入陷阱

中国人均 GDP 于 2003 年突破 1000 美元,在 2008 年又突破 3000 美元,至 2010 年已超过 4000 美元,尚处于中等收入阶段,正在向高收入阶段迈进。美国从 1962 年到 1978 年,处于中等收入阶段,长达 16 年,而日本后来居上,从 1973 年至 1981 年,只花了 8 年时间就跳过了中等收入阶段,比美国缩短了一半,那么中国在中等收入阶段要停留多长时间呢?会不会掉入 MIT?

根据人民论坛 2010 年 7 月就中国能否跨越 MIT 的调查,在社会公众中有 70% 的人信心指数低于 50%,只有 8% 的人深信中国一定能跨越 MIT;在相关专家中,有 42% 的专家其信心指数低于 50%,只有 6% 的专家深信中国一定能跨越,52% 的专家持审慎乐观的态度,说明公众比专家悲观,专家比公众乐观。我认为过度悲观没有必要,盲目乐观也不可取,既要警惕掉入 MIT,又要有足够的自信去跨越 MIT。

人口超 13 亿人的中国,自改革开放以来,经过 28 年就从低收入跃进到中等收入阶段,靠的主要是人口红利、改革红利、开放红利,前几年受国际金融危机和欧债危机冲击,外需锐减,生产能力过剩,经济增长放慢,下行压力加大,尽管效率有所提高,通胀与失业并不严重,消费率、教育支出与研发经费比重在逐步提高,但贫富悬殊令人担忧,经济结构调整与发展方式转变进展不快,社会发展及其管理滞后,掉入 MIT 的可能性尚未排除,必须提高警惕,切实应对。

应对办法有很多,总的说还得靠新形势下的三个红利,一是改革红利,坚持全面、深入、彻底的改革,把改革搞好;二是开放红利,抓住和利用全球化的有利机遇,用好国外的资源与市场,提高综合实力，扩大国际影响；三是变人口红利为人才红利，重视创新型人才，把国家的创新意志转化为全民的创新行动，为创新发展和人才成长完善制度和营造环境。

应对的重要措施之一，是尽快提高中等收入者（Middle Income Class，MIC）的人口比重，根据发改委一个课题组的研究，2010年以人均可支配收入在22000～65000元之间为MIC，约有2.9亿人，占总人口的21%，而低收入者的比重高达76%，高收入者的比重不到3%，这种金字塔型的收入结构须通过稳定经济增长、加强三农发展、改革收入分配、加快城镇化发展等途径，提升低收入者尤其是农村的低收入者为MIC，扩大城乡中产阶层，演变为橄榄型的收入结构。

从今后十余年全球的经济发展形势来看，西方发达国家将处于疲软的"新状态"，而中国拥有反周期刺激经济的较大空间，如可用的外汇储备多、债务负担轻（只占GDP的37%）、财政赤字小等。根据世界银行原副行长林毅夫估计，中国还可使经济按年均8%再增长20年，至2020年中国将成为世界最大的经济体和贸易体，据此我们有理由相信：中国能够成功跨越MIT。

（2012年7月）

33

云计算与企业管理

一 云计算的基本概念与战略意义

人类于1946年发明电子计算机,于1969年集成互联网,于2007年提出云计算。这是信息革命的三大里程碑。云计算是对国民经济与社会发展具有革命性影响的战略性新兴信息技术。

云计算的核心理念是服务,这是新型的计算机服务模式,用户通过简单的界面即可得到需要的计算资源和信息服务;云计算又是新型的商业服务模式,用户通过它对水、电、天然气等公用事业,实现付钱就可按需获取相关服务;云计算还是新型的服务支撑平台,能支持多种行业通过相关领域应用云计算技术而获得显著效益。

云计算不是凭空产生的,它是在整合虚拟化数据中心技术、互联网技术、信息中端技术的基础上发展起来的,这些技术使用户能够按需调用信息服务资源而无须关注计算资源的配置、调度与演化,使用户能通过互联网获取云计算的全部服务,还能使用户在云计算的环境下通过简单操作便捷、高效地共享多源信息服务。

云计算作为以服务为对象的技术,按服务对象的不同,通常可分为三类:一是软件即服务(Software as a Service,SaaS),二是平台即服务（Platform as a Service，Paas）、三是基础设施即服务（Infrastructure as a Service，Iaas），其中 SaaS 是最常见的云计算服务。服务供应商负责维护和管理硬件设施，并以免费或按需租用的方式向用户提供服务。

云计算环境下多源信息服务以用户为导向，以服务为纽带，以服务内容为基础，以服务策略为保障，有多种不同的模式，服务环境是全开放的，其应用面向众多领域，如制造、商务、物流、金融、医疗、教育、政府、管理等，这种多源信息服务系统是向用户提供便捷云计算服务的交互工具，是保证云计算环境切实有效运行的可靠载体。

了解云计算本身是什么固然重要，推广云计算的应用更为重要，但迄今为止，云计算的推广应用还是初步的，尽管如此，发展到一定阶段，云计算的推广应用定会加速前进，因为它不但会使各类活动降低成本、提高效率，还会变革活动模式和创新活动意义。

云计算这种最新的信息技术及其应用，具有特定的战略意义，它有利于发展中国家充分发挥后发优势，缩短与发达国家的差距，尽管云计算的核心技术目前依然掌控在发达国家的几家大的跨国公司手中，如苹果、谷歌、IBM 等，但云计算的潜力与威力在于经济和社会发展过程中的应用，通过应用来发展技术，在用中学，在用中创新，发展中国家及其信息技术企业完全有可能后来居上，作出自己应有的贡献。

二 企业管理信息化的三个阶段

企业管理信息化有三部曲，第一始于电子计算机在企业内部管理中的应用，从单向应用到综合应用，这在我国发生在 20 世纪 70～80 年代的 20 多年时间内，主要的应用项目有：办公自动化（OA）、电子数据处理（EDP）、管理信息系统（MIS）、决策支持系统（DSS），以及物料需求计划（MRP）、制造资源计划（MRP

Ⅱ）、企业资源计划（ERP）等。

第二是基于互联网的企业管理信息化，信息技术的应用已扩展到企业外部，包括供应商、零售商、客户、合作伙伴等，这在我国始于20世纪90年代，一直持续至今，具有代表性的应用，如供应链管理（SCM）、客户关系管理（CRM）、电子商务（EC）、网络化制造（NM）、协同产品商务（CPC）等。

第三是基于云计算的企业管理信息化。这在全世界都是一个开始，还只有几年的时间。由于云计算属于当今时代最具有战略意义的技术，可按需自助服务，能即付即用，可只租不买，能促进协作，有利于组织结构变革和创新，会给企业管理及其方式带来深刻变化。云计算在企业管理中的应用，会大幅度降低管理成本，显著提高管理效益，创新管理模式，改变管理格局，但结合我国现阶段的企业管理水平，推广应用云计算，既是机遇又是挑战，还具有一定风险。

三　云计算环境下的企业管理

云计算会给企业管理带来一系列变化。首先是数据管理的变化。在以往的企业管理中，靠的是企业内部建立数据库、数据仓库、数据规划等。有了云计算，海量数据的采集、传输、存储、获取、共享、分析、利用全过程，发生了变化，有利于数据资源的集中和复用，企业从私有云和公共云的云端取得所需的管理数据，从中通过洞察启发卓见，为管理决策服务。

其次是营销管理的变化。云计算出现后，企业的营销管理不限于基于互联网的客户关系管理的营销系统，可依靠云计算提供的服务，实现精确化和个性化的营销，随时根据企业业务与市场动向的变化，扩大或缩小原有的营销规模，及时发现和进入新市场，甚至主动退出原市场。

再次是组织结构的变化。随着工业时代向信息时代的演进，企业管理的组织结构正从科层型组织向扁平型组织演化，云计算出现后，组织结构和风格又有了新的变化，或是出现动态的自组织的团队，如海尔集团推行的自主经营体，或是产生新的网络组织云企业。云计算为支持这种新组织提供了必要的基础设施。

在企业管理中云计算还有利于促进创新。以往主要依靠内部力量，有时还将其误解为企业自主创新。云计算帮助企业实现开放式创新，由外而内，从企业外部发现各种创意，利用社会群体的力量为本企业的创新服务，这不仅适用于管理创新，如商业模式的创新，也适用于其他的制度创新和技术创新。

我国企业在管理中运用云计算及其服务还是很初步的，但关注云计算的企业日益增多，他们急切地希望解决以往管理信息化中出现的数据混乱、信息孤岛、信息基础设施分散和利用率低等问题。据调查，云计算在我国企业管理中应用的范围，主要在财务、CRM、ERP、人力资源管理（HRM）等方面的业务上。此外，还有应用程序的开发、测试、部署等平台，设计、研发、工程等方面的高性能计算，商务智能及其分析和应用，web 的应用程序与服务等。

随着云计算时代继 PC 时代、互联网时代之后的迅速来临，企业的 CEO 与首席信息官（CIO）必须与时俱进，瞄准未来，从智慧、资源、模式三个方面加深对云计算的认识与切实把握，采取有效措施，把云计算平台和云应用服务建好用好，以完善企业原有的信息技术（IT）架构，促进企业业务与企业管理的协同发展。

在企业管理中应用云计算要从企业的实际需要和管理水平出发，如大型企业尤其是企业集团可整合内部的 IT 基础设施资源，迅速演变为私有云，把云计算的部署依靠信誉好的云服务供应商，使部分业务与管理逐步托管和纳入公共云。又如对 IT 依赖程度高的金融、物流、现代企业应尽早部署云计算，抢在云潮流的前头，而管理中要求水平相对不高的餐饮、零售等传统企业，不宜赶时髦，而应实实在在地改进 IT 的应用。

在企业管理中应用云计算，要关注和解决两个重要问题。一是云安全问题，无论是私有云、公共云还是混合云，都有云安全问题，这需要企业在政府的支持下从制度上和技术上加以解决，使之安全有保障。二是云计算的法律法规问题，这更需要依靠政府逐步加以完善，任何标准、规范、政策、法规总是在实践的基础上一步步确立起来的，不可能是现成的。

当前，我国云计算产业规模尚不算大，但发展较快，据了解，2012年云计算产业的产值可达2750亿元，我国在云计算发展方面的准备度也比较低，据商业软件联盟对全球24个国家云计算的排名，中国居第21位。

尽管我国企业管理对云计算的需求不可低估，但目前我国云计算的供应比较有限，且从总体上看，我国云计算的准备度在国际上也不算高，因此，在企业管理中运用云计算更具挑战性，无论就云计算本身的成熟度、云计算的外部支持环境，还是就云计算的实施过程来说，时时处处充满着风险，但任何风险都是可以防范和排除的，在向云计算进军的过程中，一定要把各种风险降到最低限度。

（2012年7月）

34
大数据与商务模式

一 大数据的含义、特征与影响力

大数据是信息革命的又一里程碑。在狭义上，大数据是一种特殊的数据集合，它的内容无法为常规的软件工具在一定时间内所抓取、处理和管理。在广义上，大数据是一种全新的数据处理能力，在多种复杂的海量数据中快速取得有价值的重要信息，使思维和决策更科学化，帮助人们更有智慧。

凡人、事、物的位置、状态、音像、交互过程以及它们的变化，特别是各种专业活动及其结果，无论是实时的还是文本型的，均可数字化，形成海量数据，上网（包括互联网、物联网、能联网、车联网、无线移动互联网等）进行传输、存储、处理和共享。这种大数据具有如下特征：规模大、增速快、实时性强、复杂程度高，以至于突破了传统数据处理能力的极限。

规模大就是数据的容量持续扩大，以往的大数据衡量度以 GB 为单位，大数据极大地扩大了数据的计量单位，从 GB 到 TB、PB、EB、ZB，乃至 YB、BB，后一量级依次比前一量级约大 1024 倍。

增速快就是数据生成和增加的速度特别快，几乎每两年翻一番。据国际数据公司 IDC 的报告，2011 年全球创建和复制的数据总量已达 1.8 ZB，相当于 1.8 万亿 GB，预计到 2020 年，将增至 35 ZB。大数据有按指数爆炸式增长的趋势。

实时性强就是数据的频率极高，几乎无时间间隔，不是离散数据而是连续数据，不是静态数据而是动态数据，即时即得，需要立即处理。这既提高了数据时效性，同时又增大了数据的处理和治理难度。

复杂程度高就是数据有多样性、多元性、多维性，以及异构性（除结构性数据外，还有半结构、非结构化数据，后者是大数据的主流，占大数据总量的 80%~90%）和低价值密度（即大量不相关数据同时并存，从中提取信息和知识的难度大）等特性，大数据意味着数据的复杂性越来越大，需要有非传统、非常规的数据处理能力加以治理。

大数据对社会和经济生活的影响广泛而又深刻，因此人们认定"大数据时代"已经来临。大数据的影响力主要表现在三个方面：促进信息技术的新发展，创造生产者和消费者盈余新浪潮，推动各行业各领域层出不穷的创新。

规模和形态超常的大数据是新兴信息技术深度发展和应用的结果，反过来对大数据富矿的探索和应用又引发信息技术的新发展，并成为信息技术的主战场，吸引了 IT 业巨头的极大关注。电子商务和电子政务的发展促进大数据的出现，而大数据又提升了电子商务和电子政务，如促使电子政务从 1.0 进到 2.0。

海量数据无疑是宝贵的资源，也是重要的生产要素，它必然惠及企业和民众，对企业能增加生产赢利，对民众可增加消费者剩余，方便衣食住行，如智能管家、购物指南、旅游助理等。一句话，大数据会创造"大价值"。

大数据会沟通各行各业，促进产业融合，推动层出不穷的创新，如生产模式、商务模式、管理模式的创新等。大数据时代商务模式的创新可谓日新月异，这在 IT 企业的竞争中尤为明显，无论是微软、谷歌还是苹果，这些 IT 巨头都以自己独特的商务模式而著称。

2012年美国政府发布"大数据的研究和发展"倡议后,大数据就从商业行为提升为国家战略,大数据被视作创新、竞争和生产力的新领域,它关系到国家的综合竞争力,应用大数据的需求大小不同的行业,从高到低依次排序为互联网、电信、金融、医疗、交通、零售、制造业等,大数据对决策的作用有前期预警、实时感受、实时反馈。大数据对决策的影响则有使决策主体从只有精英转向还有公众参与,决策过程从被动转向预判,决策方式从业务驱动转向数据驱动。大数据的发展既有机遇又有挑战,前者如提升组织能力,后者如缺乏数据分析人员和数据管理人员,数据质量和数据安全成了重要问题。

二 大数据与云计算的关系

大数据与云计算都是在人类进入21世纪后由美国的明星IT企业特别是谷歌最先提出来的,云计算于2007年提出,大数据于2011年提出,相隔约4年,这两个概念的提出与这些IT企业在发展实践中所遇到的业务与管理的战略方向密切相关。

云计算与大数据先后相遇绝不是偶然的,因为大数据的挖掘与利用离不开IT计算资源池组织配置架构的云模式,而云模式中的资源池内绝不能没有复杂的巨量数据这一核心内容。

大数据与云计算是有联系的,人们可以说云计算是大数据时代的云计算,大数据是云计算环境下的大数据,大数据与云计算往往互为条件、互为表里。

但是,我们不能说大数据与云计算就是一回事。大数据指的是内容,尽管它的作用主要不在于数据本身,而在于对数据的分析利用所产生的新见解,使决策和管理不受直觉与经验的局限;而云计算则是一种按需付费租用或自助取得计算服务的新方式,它改变了IT架构,也革新了企业的业务和管理。

三 商务模式的设计、管理、创新

商务模式或商业模式的抉择是企业管理必须高度重视的问题。商务模式就是企业利益相关者的交易结构,也是在各方互利共赢的条件下企业所确定的赢利途径和利润增长点。在工业时代,商务模式相对较简单,往往以价廉物美的产品为中心。到了信息时代,尤其是在云计算环境下基于大数据的商务模式就复杂得多了,需要有生态化的设计,一致性的管理,原生性的创新。

商务模式的生态化设计,一方面既要企业与外部的开发商、供应商、渠道商、运营商等利益相关者合作,整合他们的资源和能力,同他们进行销售分成,为他们创造价值,形成一个生态链系统;另一方面又要保证和强化企业自身的资源和能力在生态系统中的重要地位和核心价值。只有兼顾以上这两个方面,才能在商务模式的持续竞争中赢得优势。

商务模式的一致性管理,是要把商务模式与管理体系相协调和相融合,兼顾企业内部的利益相关者,使商务模式真正落地,落在企业管理上,这方面最成功的案例有 IBM 推出的整体 IT 解决方案。当 IBM 公司的 PC 业务受到微软、戴尔、惠普的低价竞争时,它毅然决然地把 PC 业务转售给中国联想集团,并收购普华永道咨询部,增强自身的商务咨询服务能力,同时不断地在内部重组流程,改革管理,使商务模式与管理系统高度一致。

商务模式的原生性创新是要企业不去简单地模仿其他企业的商务模式,也不满足于局部的"微创""修修补补",而应根据竞争环境和自身资源、能力的变化,利用云计算、大数据等新技术,整合企业外部生态系统,洞察消费者的潜在需求,不断地优化商务模式,保持其创新的原生性,避免同质化带来的负面影响。戴尔公司的 PC 直销模式,最初因原创性而受益,但最后又因其他企业也搞直销,特别是电子商务网站的出现,而使其创新的原生性丧失殆尽。

任何商务模式都不可能一劳永逸地解决企业经营和竞争中的问题，如不持续优化创新，其价值必将因其他企业加入竞争而被侵蚀，甚至因新的商务模式出现而被颠覆以致丧失。微软视软件为产品，谁购买谁付费，推行"许可销售"的商务模式，长期垄断操作系统和基础软件，曾是软件业之辉煌。谷歌创造"流量变现"的商务模式，视软件为工具，可免费服务，形成广大的最终用户群，按搜索流量收费，在互联网产业中确立了优势地位。苹果公司依靠云计算和大数据，开创"终端加应用"的商务模式，通过建立信息服务平台，从增值服务和广告中获得利益，成了移动互联时代的明星。后起的商务模式总是比先行的商务模式优越，给先行的商务模式带来冲击，甚至威胁它的存在。

在云计算的环境下，基于大数据的商务模式，有利于企业通过信息组织管理与传播技术的提升，来构建商户与客户相聚集、供应市场与销售市场相联结的大平台，推动企业业务和管理的创新，运用新的理念，进行新的整合，开拓新的市场，达到新的辉煌。这是企业在新时代可采取的一种新的创新战略和创新路径。

（2013 年 3 月）

35

走新型城镇化之路

一 什么是新型城镇化

顾名思义,新型城镇化是相对于以往旧式城镇化而言的,两者的根本区别在于是否脱离农村发展,是否以人为本,有没有置农民利益于不顾,是否就城镇化而城镇化。

改革开放前已提出城镇化,最先提出的是城市化,由于执行过程中偏向大城市和特大城市的发展,因此修正为以发展中小城市为主,后又因强调农民离乡不离土,就近解决就业问题,于是正式提出要城镇化。

城镇化与工业化相伴而生,工业化是城镇化的发动机,城镇化是工业化的助推器,但在我国,两者的发展相互脱节,城镇化发展远远滞后于工业化,不是发展过度而是发展不足,工业化率早于改革开放前就已超过50%,而城镇化率至2011年刚刚超过50%,2012年城镇化率虽然已达到52.6%。但按人口城镇化率来计算,人们认为实际上只有35%,还不到40%。

从城镇化的演进过程来看,由于工业化的发展阶段不同,出现过城乡间、工农业间种种不同的情况,如为扩大城区低价征用大批农地,侵犯农民合法权益;亏待农民工,利用工农产品价格剪刀差，积累工业化所需资金，扩大城乡居民收入差距；又如工业反哺农业，用市带县的办法扶持农业，给农民以种种优惠；再如城乡统筹一体化发展，使工业化、城镇化、农业现代化协调发展；等等。上述过程实际上就是从旧式城镇化向新型城镇化转变的过程。

二 为什么要走新型城镇化之路

1. 中国已进入新城镇化时代，正从"乡土中国"向"城镇中国"转变。新型城镇化的发展趋势曾被 2001 年诺贝尔经济学奖得主斯蒂格列茨视作当今世界发展的两大特征之一。党的十八大把城镇化同工业化、信息化、农业现代化并列为"四化"之一，2013 年全国两会代表就城镇化问题提了 500 多个议案。新型城镇化是中国经济和社会发展的必然结果和重要标志，因为城镇化是扩大内需、改善民生、促进增长的强大动力，也是改革和发展的一大抓手。

2. 改革是最大的红利，新型城镇化涉及城乡方方面面的改革，如家庭农场等农业规模经营方面的改革，土地流转和土地管理方面的改革，地方政府"土地财政"的改革，粮食安全保障制度改革，户籍制度向永久居住证转变的改革，城市房地产调控和管理的改革，与农民工有关的医疗、教育、社会保障等改革，收入分配制度改革，城市交通车辆管理的改革，公共服务方面的改革，城市环境保护和生态治理方面的改革，等等。只有这些改革逐步深入推进，才能为新型城镇化的实现扫清制度障碍。

3. 新型城镇化有利于保证城镇化的质量。因为它能从宏观上正确处理城镇化与农业现代化的关系，城镇化与工业化和信息化的关系，城镇化与整个经济发展的关系，以及正确处理人口城镇化与土地城镇化的关系，人口城镇化与人口非农化的关系，人口城镇化与城市建设的关系等，从而使相关各方保持协调，避免彼此脱节，防止城镇化滞后或过度城镇化。

4. 新型城镇化最大的优越性在于确保农民权益，使进城务工的农民能改变身份，成为城里人，享受与城里人一样的待遇和福利，具有平等的发展机会，不至于出现"城中村"那样的贫民窟或者棚户区，不至于造成骨肉分离的五六千万农村留守儿童，避免春节等长假期间的全国人口大流动，真正消除产业分离和城乡割裂的经济和社会"二元"结构。

5. 新型城镇化还有助于确立特大城市、大城市、中等城市、县城、镇区、农民社区等这样一种协调发展的城镇体系，使每个层次各得其所。以特大城市和大城市为依托，中小城市和乡镇星罗棋布形成不同类型的都会圈、城市群，城乡衔接和沟通，社会和自然和谐发展，达到环境美化和生态优化的目标。

三　积极稳妥地推进新型城镇化

目前全国人士对推进新型城镇化已取得共识，预计到2020年城镇化率要达到60%，问题是怎样加以推进呢？回答是一定要积极稳妥，保证健康有序实现高质量的城镇化。首先，要制订规划和改进管理，俗话说，城镇化好不好在规划，成不成在管理。从中央到地方，对城镇化规划既要有顶层设计又要吸引公众的参与和建议。对城镇的管理要加强、改进和创新。必须杜绝空气污染、交通堵塞等各种常见的城市病，提高居民幸福指数。

城镇化意味着农村人口向城镇人口的转变，农业劳动者向非农业劳动者的转变，这个转变过程必须以农业劳动生产率的大幅度提高为前提，以粮食生产和副食品供应的相应增加为条件，绝不能以牺牲粮食安全为代价，也不能因此而降低城镇居民的生活水平和质量。城镇化要以农业现代化为支撑。

城镇化伴随着城镇区域面积的扩大，农业用地面积会相应缩小，但一定要防止城区面积盲目扩张，如前几年搞开发区、工业园区那样过度占地、圈地。据对400个城镇的调查，在建城区总面积中约有四分之一是闲置的。又据了解，城镇面积的扩张远远大于城镇人口的增加，差不多达到了4比1的程度，这是不可持续的。

城镇化的难点在于变进城农民为不被歧视的市民。首先，这需要改革已有60年历史的户籍制度，实行永久居住证制度，同时要让改变了身份的新居民能享受到与老居民一样的福利，包括看病求医、基础教育和高等教育以及职业培训，还有社会保障和各种公共服务。变农民为市民除了政府政策要有大的改变之外，还有一个融入社会的过程，这可能延续到新生代。

城镇化要发挥产业优势，尤其是产业集聚的优势，不同城镇有不同的产业特色，并应与时俱进，调整产业结构和发展方向，在产业转型升级中为新老居民提供就业机会，培训就业技能，使他们有择业自由和敬业精神，要多建设小城镇，发展"回归"经济，减少远距离外出打工，鼓励在邻近地区就业创业，为本省（区）兴业强省（区）作贡献。

城镇化要防止房地产化，房价过高，居民买不起房，房屋空置又会变成"鬼城"，应保证保障房、廉价房、公租房的供给，管理好住房市场和租房市场，让老百姓住有所居，大家有房住，不一定大家都有房产。目前全国还有一亿人住在棚户区或危房中。只有安居，才能乐业。国家先后有六次房地产调控，但房价越调越高，如不优化调控，不尽快提高保障房覆盖面，则不利于城镇化的健康发展。

城镇化要解决交通拥挤堵塞问题，现在不少城市已成了"堵城"，应大力发展公共交通、轨道交通，减少公家车，管好私车，要多建停车场，否则公路和人行道都被占用，严重影响居民出行，道路建设要能跟上车辆的增速。城镇要多点发展，交通先行。

城镇化要以城镇建设为基础，不论新城建设还是旧城改造，必须要有通盘规划，搞好基础设施，不能一下暴雨就成了"水城"，要有足够的公共空间，包括文化设施、绿化带等。城镇环境要舒适美化。新鲜的空气，洁净的饮用水，天蓝地绿、生活方便、社会安定和谐，都是最低限度的要求。

城镇化发展必须与国家信息化进程相适应，使数字城镇向智慧城镇提升。据世界银行估计，100万人口以上的城镇，智慧化后可使同样的投入提高效率2.5~3倍，目前我国已有100多个城市正在推进智慧城市的建设，还有些城镇则在建设智慧社区，南京市、苏州市等智慧城市发展已取得初步成效。

（2013年4月）

36

关于新型工业化之思考

一 新型工业化之提出

1. 国内基础。改革开放前期26年,为工业化奠定了基础,其标志是工业体系的建立。改革开放33年来,工业化成效卓著,迅速推进到工业化中后期,使中国成为世界制造大国,在工农业关系上出现了刘易斯拐点。

2. 国际环境。随着第三次工业革命的来临,世界范围的工业化进入了新能源、新材料与信息技术产业等新产业相结合的新阶段。最大的发达国家美国在金融危机后提出再工业化,重视实体经济的发展。新兴经济体国家纷纷进行产业转型升级。这对我国的工业化来说既是新机遇又是新挑战,需要有新的起点和新的高度。

3. 与新型城镇化相匹配。工业化总是与城镇化相伴而行的。以往我国城镇化长期滞后于工业化。现在为拉动内需,提出了新型城镇化,这没有新型工业化的配合是不可能的,先进制造业与高端服务业乃是新型城镇的基础与核心。

4. 基本实现工业化目标的需要。2020年全面建成小康社会的一项主要标志,是要基本实现工业化,所剩时间还有7年,为了达标,工业化不能再走老路了,必须尽快提高工业化的进度、质量和效益，使我国成为世界制造强国，在全球高端工业中占有一席之地。

二 新型工业化的内涵

顾名思义，新型工业化总是相对于旧式传统工业化而言的。就工业化的起点、水平、基础、进程来说，新型工业化完全不同于传统工业化，后者必然会被前者所取代。但传统工业与传统工业化是两个不同的概念。传统工业仍是很重要的，且会在新型工业化的过程中得到新的提升。那么，新型工业化究竟是一种什么样的工业化呢？

与信息化、城镇化、农业现代化同步协调的工业化。用信息化促进和提升工业化，新型工业化是与信息化深度融合的工业化。新型工业化与新型城镇化相并举，不可偏废，均应以人为本。新型工业化与现代农业化相互促进和彼此支持，达到工农业统筹兼顾、共同发展的目的。

工业文明与生态文明相统一的工业化。传统工业化往往以污染环境、以破坏生态为代价，导致难以为继、不可持续。新型工业化则强调节能减排、环境友好、生态文明、人与自然和谐发展，必须是绿色的、低碳的、可循环发展的。

科技创新驱动型工业化。在世界产业变革的大形势下，新型工业化必须建立在科技尤其是高新科技发展的基础上，落实科技创新驱动发展战略。科技与产业要一体化，科技成果要产业化，产业发展要科技化，科技创新是产业创新的灵魂与基础。核心技术和关键技术的群体突破，是工业发展的瓶颈与要害。

走制造业数字化、智能化、精益化、服务化之路的工业化。发展高端制造、智能制造是新型工业化的题中之意。现代制造不同于传统制造，既要数字化和智能化，又要精益化，在高度分工的基础上进行快速交易，使制造活动服务化，发展新的服务业态。制造领域在缩小，服务领域在扩大，"一切皆服务"。

三 新型工业化的特征

1. 全球化。在经济全球化和全球信息化的条件下，新型工业化可突破国界，考虑全球产业分工合作的因素，整合利用国外市场和国外生产要素，来实现本国工业化的目的。这无须闭关锁国，过分强调自力更生，而是要全球合作共赢，包括环境保护和生态修复，也有必要解决全球碳的排放与回收，共同治理全球气候变化问题。

2. 高增值化。新型工业化要变中国制造为中国创造，往世界产业链的高端走，虽然所生产的工业品和服务也会有低附加值的，但必须以高附加值的工业品和服务为主。工业企业应以高增值为追求目标。

3. 优先培育和发展战略性新兴产业。传统工业化按农、轻、重的顺序发展产业，优先发展重工业，如冶金、机械、化工等产业。新型工业化则把发展战略性新兴产业放在首位，我国确定的战略性新兴产业有节能环保、新兴信息产业、生物产业、新能源、新能源汽车、高端装备制造业和新材料等7个产业，并制定了发展规划，启动了产业技术创新工程。国家高新技术产业开发区迅速发展。信息产业、生物产业、新能源和新材料等产业，引领和影响着各行各业前进。

4. 全面改造和提升传统产业。量多面广的传统产业如食品、服装、建筑、交通、商业、旅游、冶金、机械、化工、印刷、影视等，由于它们的能源、材料、信息三大支柱发生了变化，在战略性新兴产业的渗透与影响下，正在不断地升级转型中。传统产业现代化，夕阳产业朝阳化，使老产业换了新面貌。

5. 扶持和支持中小微科技型企业。新型工业化为中小微科技型企业的发展创造了机遇。创新驱动发展必须依靠科技型企业，尤其是数量众多的中小微企业。自改革开放以来，中小微企业提供了全国约65%的发明专利，75%以上的企业技术创新和80%以上的新产品开发，已成为一支重要的创新力量。

四 新型工业化之实施

从传统工业化转向新型工业化，须从解决现阶段工业经济存在的深层次问题和结构性矛盾入手，以创新为导向，深入改革体制，扩大开放竞争，依靠科技革命和科技进步，在改变发展模式和调整经济结构的基础上，使一、二、三次产业协调发展，东、中、西部地区更加平衡，环境和生态逐步改善，人民福祉不断提高。

增强自主创新能力刻不容缓。在建设创新型国家的同时，要使企业成为自主创新的主体，但目前我国大中型企业的研发投入还不到销售收入的1%，远低于世界跨国公司的水平。我国发明专利的总数并不少，但占世界比重还不到3%。我国的关键技术仍要受制于人，对外依存度高达50%。我国电子制造业产量已居世界第一，但有80%的芯片是从国外进口的。中国的高铁建设举世瞩目，但所需轴承却不能自制解决。

能源、资源、环境的支撑难以持续，必须尽快彻底改变。我国的工业发展成本高、代价大，已到了不改不行的地步。我国单位GDP能源消耗是世界平均水平的两倍，发达国家的四倍。我国的能源消耗总量已超过美国，居世界第一，占全球的20.5%。原油进口依存度高达56%。铁矿石有一半是进口的，铜及其合金有70%靠进口。二氧化硫、二氧化碳的排放量居全球首位，空气与水的污染已危及民生，治理任务极为艰巨。

产能过剩、要素错配、产业结构失衡，亟须解决与调整。在我国目前落后产能占了20%，部分产业如钢铁、水泥、平板玻璃等产能严重过剩。产能过剩与重复建设、恶性竞争有区别但有联系。这反映了供应超过有效需求，也说明要素错配。高技术产业比重还不高，2012年占12.5%。生产性服务业比重较低，影响制造业效率。规模生产的工业品国际竞争力软弱。产业集中度与产业集群有待提高，以增强工业整体实力。

36 关于新型工业化之思考

产业地区布局须加以协调和合理化。各地区间产业雷同现象严重，缺乏特色。重大生产力布局与资源禀赋不匹配。盲目争投资、争项目，影响效益。东、中、西部地区间产业转移缓慢，经济发展不平衡有改进但不明显。各地区发展工业可有分工上的不同，如东部地区着重发展先进制造业和高端服务业，但基本实现工业化是所有地区的整体目标和共同任务。

扩大和提升现代化产业大军。新型工业化要靠人来实现。现代化产业大军由知识劳动者与体力劳动者组成，他们中间有科学家、企业家、经济学家、技术人员、管理人员以及普通劳工。人力资源是最重要的资源。要鼓励人们创新创业，拥有知识产权。新型工业化归根到底要为人服务。向人民提供优质和廉价的产品与服务，满足他们生存与发展的需要。

（2013 年 7 月）

37

怎样看营销的重要性与科技化

一 营销与研发比较哪个更重要

著名台商施振荣提出企业发展"微笑曲线"说,认为企业"微笑曲线"凹下去的底部附加值低,而翘起来的左、右两头即研发和营销附加值高,故企业应牢牢抓住 R&D 和 Marketing。

研发与营销都很重要,但两者相比,谁更重要呢?主张企业发展依靠技术驱动的学者说,企业的创新、产品的供给,都要靠研发,研发技术含量高,能使产品胜过其他企业,消费者对产品的需求不一定很清楚,如果让新产品为他们所喜爱,就有了市场,因此研发重于营销。

主张企业发展依靠市场驱动的学者认为,研发固然重要,但营销更为重要。因为研发不是目的,了解顾客的偏好,满足顾客的需求,为顾客创造价值,才是企业的目的。不能适合市场需求及其变化,研发也是白搭,企业不可能发展,甚至会被淘汰。

从经济学观点来看,上述两种回答就是供给创造需求还是需求决定供给的问题。这两句话分开来讲不如结合起来讲更完整。企业尤其是现代大企业的发展,不能只靠单引擎,而要有双引擎,即市场驱动与技术驱动相结合、相统一。

从管理学的角度来看，说营销比研发更重要，是有一定道理的。首先，就传统企业历史或非科技型小微企业现状而言，企业创立时并没有研发职能或研发部门，企业主本身就是营销员，他们寻找顾客，服务于顾客，只要有顾客埋单，获得收入，企业就能存在和发展。

其次，就企业使命而言，创造顾客是企业的目的，企业是为顾客而存在的，顾客是"上帝"，顾客是真正的老板，为顾客服务是企业的首要任务。营销相对于研发以及财务、人事等企业的其他职能，距离顾客最近，最能发现现实的和潜在的顾客，最了解顾客的不同需求，最熟悉市场行情、市场竞争，自然也就比研发更重要了。

再次，就企业内外部关系而言，外部因素是企业变化的环境和条件，内部因素或力量要据此来调整并作出响应。营销既是职能，又是理念，即以顾客为中心的最重要理念，应渗透到并指导着企业内部的一切活动，包括研发乃至决策等，企业 CEO 以及其他人员均要以这个核心理念为指导，难怪小天鹅洗衣机的研发设计人员要到北京百货大楼站柜台，听取顾客的意见，营销可左右研发方向，其相对重要性是不言而喻的。

最后，管理学要讲案例，营销比研发更重要，讲几个说服力强的例证。案例一，拥有优秀营销能力而无研发创新却使企业百年长青的可口可乐公司。该公司的可乐饮料还是一百年前的味道，但顾客喜欢，营销好，其品牌仍在全球百强企业中排名第一。20 世纪 80 年代，该公司与百事可乐竞争，曾研发出一种新口味的可口可乐，试验成功了，但一上市顾客不喜欢，加以抵制，只好放弃，改销老可口可乐，一直持续至今。这说明顾客不需要的创新没有意义。

案例二，不是由于技术研发落后而是因为市场营销失策的柯达公司。该公司曾是全球领先的影像产品生产和供应商，已有 130 多年的历史，2012 年 4 月破产，它在数字时代的落后并非因为研发不超前，恰恰相反，1976 年它就开发出了数字相机技术，1991 年就有了 130 万像素的数字相机，但管理层缺乏对市场前景的分析，在营销上满足于传统胶片的市场垄断地位，导致经营战略失误。

案例三，靠天才营销师乔布斯而非天才研发家沃兹尼亚克发迹的苹果公司。该公司的诞生源于沃兹尼亚克设计的电路板，乔布斯把这项技术变成了蓬勃发展的生意经，没有这个转变，研发的技术再新再好，找不到顾客，也不会有企业的存在和发展。沃兹尼亚克不大为人所知，而乔布斯却全球闻名，成了苹果公司的灵魂和符号。

案例四，郭士纳把内部导向转型为外部市场导向的 IBM 公司。郭士纳作为 CEO 执掌该公司时，发现企业缺乏对顾客及其需求的关注，全神贯注于企业内部的组织，部门林立和分割，他作了一个关键性决策，把全公司的所有工作转到为顾客服务的轨道上来，变内部聚焦为市场驱动，用外部营销的要求来调整内部结构，使 IBM 得以新生，步入了一个发展的新阶段。

二 企业与顾客的关系变化后营销该怎样转型

营销反映企业与顾客的交互关系 它很重要，但上述关系因时因地而变，营销为保持其重要性，须不断转型。转型首靠创新，营销也要创新。营销的科技化、自动化、精准化，是发展趋势。这样的营销转型一定会帮助整个企业转型，引领行业先机。

从经济学角度看，随着卖方市场向买方市场的转变，顾客的主动权就已超过了企业的主动权。进入互联网特别是移动互联网时代后，约有 75% 的顾客会通过网络搜索进行购买决策，还会把使用体验通过线上线下影响其他顾客，企业也不能光靠品牌，还须依靠员工、合作伙伴的言行去影响购买者。顾客可用多种方式来表达个性化需求，这就会影响企业产品的设计、研发、销售、服务乃至决策。

37 怎样看营销的重要性与科技化

在顾客能影响企业活动的新时代,即被称为 CEC(Chief Exective Customer)时代,企业的营销已不能单凭经验和直觉,必须依靠科技能力和分析洞察能力。营销转型也就由此被提上了日程。

营销转型大体有三个要求。其一是理解每位顾客的个性化需求,创建个性化营销策略。CEC 时代的营销目标已经需要精准到以人为单位,而云计算和大数据的出现使精准化营销成为可能。如英国先进的连锁超市,使用个人购物助理方案、智能购物车等,分析顾客购物的历史数据,向顾客推送他们最想买的物品。

其二是创建全接触系统,重塑顾客体验。成功的全接触系统,以各种方式与顾客保持联系,能在合适的接触点给顾客提供正确的建议,并从与顾客的每一次交往中,为顾客创造最大的价值,使顾客有与他人分享的购买体验,同时激发顾客对企业更大的信任度和忠诚度。

其三是推进企业文化与品牌的真正融合,使企业营销表里如一。在大数据时代,信息近乎透明,通过营销来宣传企业和品牌,企业员工就能正确认识企业的品格和形象。形象决定于品格。品牌应以文化建设为基础。企业的核心价值观要靠员工通过网上网下讨论来演进,只有员工从心底里信服企业的核心价值观,在他们与顾客交往和接触媒体时,才会把认同和信任本企业的信号通过行为和情感传递出来,使表里如一的品牌文化得以自然地流露出来。

IBM 公司是 CEC 时代营销转型的典范,该公司于 2012 年迎来了一位女性 CEO 罗睿兰,她一上任,就推动以市场为导向、以顾客为中心的营销往精准营销、科技营销转型,使整个公司往更高增值的方向移动和定位。该公司在这方面采取了两个重大步骤。

步骤之一,是把 IBM 公司原来的 B-B 模式深化为 B-P 模式,也就是把原来以企业或行业为顾客的营销对象碎片化,更人性化的转向企业的具体人员,由于营销对象个体化了,营销的洞察力也就更精准化了,营销需要的数据分析更细了,预测更准了,满足顾客需求的针对性更强了，速度更快了，做到了实时反应或即时反应。

步骤之二，是利用新技术、新方法实现营销自动化，精准的营销洞察力须与强大的营销执行力相结合，使 CEC 时代的营销得以落实。为此，IBM 公司收购了 Unisca 公司，加强创新营销实力，建立自动推送系统，还能为顾客打分和积分，大大缩短了响应和推送时间，从而提高了营销效率和投资效益。

（2013 年 7 月）

38

上海自由贸易区及其对金融改革开放的影响

一 上海自由贸易区的实质

2013年是全面深化改革的元年,在党的十八届三中全会前夕,经国务院批准,《中国(上海)自由贸易试验区》挂牌,发布上海自由贸易区(简称自贸区,下同)总体方案。其后不少省市特别是粤港澳地区跃跃欲试,也想申报成立自贸区,不要政策优惠"红利"而要制度改革"红利",因为企业上市门槛低了,只要备案就行,政府监管方式变了,采用负面清单,且用新的开放倒逼新的改革。仅凭这几点自贸区的意义就已远非20世纪80年代初设立深圳特区所可比拟。

在国际上,自贸区又称自贸协定或经济伙伴关系协议,是两个或两个以上经济体相互开放,分阶段取消绝大部分贸易关税壁垒和非关税壁垒,放宽服务业市场准入条件,给予投资便利,以缔约经济体的关境领土为限,也是这些经济体为加强经贸联系,按照WTO有关协议,经WTO备案,在商品贸易以及投资等方面,开展互惠互利活动,以促进双边或多边的贸易合作的一种制度安排。北美自贸区、东亚自贸区等的发展与兴起,与WTO多哈会谈失败后15年来世贸组织工作的长期停滞有关。

上海自贸区实质上并不是上述意义的自贸区，而是在一国境内关外试行贸易、投资自由化、便利化制度安排的自贸园区，它以上海外高桥、洋山港等四个保税区（即海关特殊监管区）为依托，以上海巨大的货物中转贸易和本地贸易为基础，以负面清单管理模式、投资服务领域开放、金融领域开放创新为抓手，逐步实现区内贸易投资自由化、便利化，进而把物流中心转化为资金流中心和金融中心，夯实人民币国际化的基础，并带动仓储、物流、交通运输、商业、医疗、电信、文化等现代服务业的发展，促使区域经济转型升级，为其他地区树立样板，也为国家改革开放积累经验。

二　建立上海自由贸易区的原因

1. 国内转方式调结构的需要。由于资源日益紧缺，环境问题趋向于严重，且治理起来更加困难，人口规模与结构发生了变化，老龄化程度加重而劳动力减少，这些因素使传统发展方式难以为继，不可持续。采用财政扩张和货币宽松等刺激性政策，掣肘于通胀隐忧和结构恶化，边际效用也在降低，转变经济发展方式和调整经济结构已刻不容缓，不能只有口号而无行动了。

2. 应对国际经贸规则新变化的需要。美国正力推跨太平洋伙伴关系协议（TPP）和跨大西洋贸易投资伙伴协议（TTIP），一旦这两个协议达成，参加的国家将有39个，占世界经济总量会超过60%，TPP和TTIP将成为全球最大的第一和第二两个自贸区。这表明美国试图主导国际经贸规则变化的新方向，即从过去的一般贸易为主转向贸易和投资并重，且更加重视投资，从以货物贸易为主，转向货物贸易与服务贸易并重，更加重视服务贸易自由化，现行国际贸易规则有可能会被这种新规则所取代。中国必须适应和参与国际经贸规则的变化和制订，否则就会陷于被动，"处于二次入世"的尴尬局面。原来的"一次入世"中国就已经够被动的了，因为中国丧失了原来关贸总协定（GATT）成员的资格。

3. 用制度创新取代政策优惠的需要。20世纪80年代改革开放时搞经济特区，主要依靠政策优惠，这次搞上海自贸区，主要依靠制度创新，用加大制度创新力度的办法，来突破对国内转方式调结构和国际经贸规则新变化的两个"不适应"，这比单纯的政策优惠更有生命力，更能持久，可减少厚此薄彼等"后遗症"。

4. 建立推进改革和提高开放型经济水平"试验田"的需要。上海自贸区还是一个推进改革和提高开放型经济水平的试验田，这块试验田"种"好了，对全国一切地区用开放来倒逼改革有示范效应，大家都用开放促改革、促创新、促发展，就会出现"万马奔腾"的局面。

5. 打造新的"中国奇迹"的需要。我们不能满足于30多年改革开放所形成的"中国奇迹"，上海自贸区可以为全国深化改革和扩大开放探索新途径，积累新经验，带动全国改革开放，促进各地区共同发展，创造新的"中国奇迹"。

三 上海自由贸易区对金融改革开放的影响

上海自贸区正在和将要通过贸易融资、跨境流通、投融资、配套建设等各环节，对上海市、长三角等地进入该自贸区的园内企业，特别是金融企业和金融监管机构的改革开放，产生深刻和长远的影响。

从贸易融资方面来看，上海自贸区是国际重要的货物集散地，日益增多的货物中转贸易和本地贸易，有进口代付、大宗商品融资、融资租赁、信贷资产证券化等各种服务需求，还有商品期货期权、航运保险等金融产品需求，由于上海自贸区支持企业发展离岸业务，鼓励企业开展国际国内贸易，实现内外贸易一体化发展，扩大完善期货保税交割试点等功能，上述需求必将给予区内外银行、证券、保险、信托、期货交易所等以较大的发展空间，提高金融机构开展产品创新的动力。

从跨境流通方面来看，上海自贸区为适应入驻或未入驻的在华跨国企业地区总部和全球总部对资金调拨、人民币跨境使用和融资、利率和汇率放开、资本项目自由兑换、套期保值衍生品交易等多层次金融服务的需求，实行人民币资产项目可兑换和跨境使用、金融市场利率和汇率自由化，扩展专用账户和服务贸易跨境收付等融资功能，以及深化国际清算中心试点，这会助推金融体制改革创新、促进中资银行、中外合资银行向混业经营转变，加快利率、汇率市场化和期货、期权等金融衍生品创新的速度。

从投融资方面来看，上海自贸区为扩大人民币离岸金融市场和跨境金融资产交易平台，构建多层次资本市场体系，便利区内外企业投融资，允许区内企业的境外母公司发行人民币债券，并加强债券管理，这将扩大人民币债券发行主体范围和发行规模，支持企业融资需求，丰富境内机构和个人投资渠道和品种，还允许区内企业和个人双向投资于境内外证券、期货市场，这就放宽了境外资金进入资本市场的渠道，由于支持股权托管交易机构在区内建立综合金融服务平台，必将有利于实现境内外资金供求的有效对接和匹配，提高区内外资金配置效率。

从配套建设方面来看，上海自贸区为了使上海成为在国际金融市场上有竞争力的一流国际金融中心，遵循"筑巢引凤"、招贤纳士的政策导向，规定向符合条件的外资和民营金融机构开放，吸引顶级的国外金融机构入驻和优秀金融人才进入，充分发挥集聚效应，还列示了专业服务领域扩大开放措施，如允许设立外商投资咨询调查公司、中外合资人才中介机构，探索密切中国律师事务所和外国律师事务所的业务合作方式和机构，这一切都有利于国内金融业的改革开放和发展。

四 金融风险的成因与监控

设立上海自贸区，是应对国内经济增速放缓、经济发展方式转变、国际经贸关系格局重构的战略举措，对政府职能转变、金融制度创新有重大意义，但因为它不是以往的经济特区和经济新区，而是自由贸易园区，且由于改革可能低于预期、存在热钱套利、管理不到位等原因，因此所带来的金融风险一定会更大，尤其是继上海自贸区之后，其他省市还会先后成立多个自贸区，必须对随之而来的各种金融风险保持高度警惕，认真防范，从严监控。

1. 改革可能低于预期。这就是说，在执行过程中，改革很可能不到位或不彻底，这是因为从中央到地方的各级政府和相关部门，对自贸区这一新事物缺乏认识，或者比较谨慎，出台的政策难免是粗线条的，原则性强，操作性差，甚至存在彼此矛盾的情况，政策出台速度也相对缓慢，改革精神与行政惰性相互牵制。对于改革，市场看到的是收益与红利，而政府部门和监管机构看到的则是权力失去和风险的产生。

2. 存在热钱套利风险。金融领域开放，金融制度创新，收益莫大，风险也不会小，尤其是热钱套利的冲动客观存在，套利行为防不胜防。由于国内市场利率水平显著高于发达国家，人民币升值趋势长期存在，使得汇差较大，大量热钱通过上海自贸区流入国内，势必助推本已存在的资产价格泡沫膨胀和杠杆水平提高，一旦热钱突然流出，就会使资产价格骤然下降，加快泡沫破灭，形成金融危机，1977年从泰国开始的东亚金融危机即为前车之鉴。资本项目自由兑换要逐渐放开，能管住多少就放开多少，目前上海自贸区对区内企业和银行实行额度总量控制，在规定额度内放开自由兑换。完全放开是发展方向。

3. 监管不到位。政府转变职能，减少甚至取消行政审批，强化事中和事后的监管，如不提高监管能力和水平，就容易出现监管空隙甚至监管真空。在管理思维切换和管理方式调整之际，风险和损失有可能随之产生。上海自贸区实行负面清单管理，定出投资领域"黑名单"以后，让投资更多地鉴于企业对市场发展机遇的判断而定，无须跟着政府的产业指导目录和产业优惠目录的"指挥棒"走，这有利于激发和促进民间投资。负面清单目前还比较长，需要逐步缩短，使投资和贸易更自由、更便利。

总之，对金融风险要有正确的认识。金融制度改革、金融市场开放、金融发展创新，固然会带来一定的金融风险，但这是前进中的风险。相反的，我国现行的金融行业，如不进行改革开放和创新，就会有停滞甚至倒退的风险以及在国际金融竞争中被淘汰而为时代列车所抛弃的风险。任何风险都不可怕，我们总有能力和办法加以防范。克服了风险，也就获得了收益。

（2014年2月）

39

关于企业利润源的讨论

一 企业利润源探究

利润是企业存在和发展的保障,是企业全部活动的目的之所在。利润源则是决定企业利润诸因素的集合,它是多元的,而非单一的。从利润＝总收入－总成本这个公式看,影响总收入和总成本的因素实在是太多了,可以说,每个因素就是一种利润源。当然也可以把相关因素归类,形成一个个利润源。

总收入＝销售总量×单位价格,而销售总量＝生产总量－库存,其中销售总量不但取决于市场容量和供求状况,还取决于企业营销能力和水平,生产能力、规模、水平和品质,以及库存大小。至于单位价格或者产品价格,既取决于产品成本,又取决于市场竞争的激烈程度,还与市场的不确定(如企业为承担风险不得不提高价格)、非均衡(如企业通过创新把竞争者远远抛在后面,可保持高价,获取超额利润)、不完全(如企业处于垄断地位,把其他企业挡在门外,用垄断价格取得垄断利润)密切相关。

总成本＝销售总量×单位成本,其中销售总量的决定因素在前面已谈过,单位成本或者说产品成本包括研发成本、生产成本、运营成本、交易成本,以及各种税费和意外损失,而生产成本的内容有燃料和原材料费用、固定资产折旧、工资和奖金、利息支出、污染治理费，以及环境生态修复赔偿。成本与价格一样，看起来是简单的基本概念，实际上都以复杂而著称，较难全面准确的核算。

如把销售总量或生产总量视作乘数和"放大器"，从单位利润＝单位价格－单位成本这一公式看，在价格既定的情况下，降低成本是增大利润的关键，而降低成本与提高效率密切相关。在成本一定的条件下，效率越高，利润也就越大，这同效率为一定时，成本越低利润越大是一样的道理。提高效率，要靠科技进步和制度创新等，降低成本要靠厉行节约、加强管理等。前者意味着"开源"即增加收入，后者意味着"节流"即减少开支，它们共同构成企业利润的两大源泉。

二 企业"四种利润源"观考察

用高于市场平均价格的价格来谋求利润，往往较为困难，且不可持久。用低于市场平均成本的成本来谋求利润则潜力大，可持续。但降低成本重点在不同时期有所不同，实现途径也不尽相同。从企业发展的历史轨迹看，20世纪50年代为了降低制造成本，企业偏重于节约资源，如采用廉价原材料和燃料、节省物料、循环使用、改用人工合成材料等办法。到了20世纪60年代偏重于生产机械化和自动化，以节省人力成本。到了20世纪70年代，企业偏重于降低物流成本，日本早稻田大学西泽修教授最先提出"物流是降低成本的关键"的著名学说。学界与业界把以上降低资源成本、降低人力成本、降低物流成本称为企业第一、第二、第三利润源。到了20世纪90年代末期和21世纪初期，随着新经济的出现和国际金融危机的爆发，学界和业界纷纷探索和寻找企业的第四利润源。

第四利润源究竟在哪里？至今没有达成共识。国内外见到的各种说法有十多种，如服务利润源、观念利润源、节能降耗利润源、物流金融创新利润源、价值链创新利润源、供应链管理利润源、客户关系管理利润源、知识管理利润源、现场管理利润源、安全管理利润源、收益管理技术利润源、采购成本降低利润源、信息成本降低利润源、交易成本降低利润源，等等。

其中每种说法只表明哪种活动有创造利润的可能，并未论证它为什么是继第一、二、三种利润源之后就成为第四利润源了。

四种利润源的研究，对指导不同企业在不同时期、不同市场环境下，用不同的方法去发现和挖掘成本降低的不同重点，以开拓一片新的利润"蓝海"，无疑是有重要意义的。第四利润源的一些研究尽管不够成熟，如观念利润源等，另外一些研究是第一至第三种利润源的补充和延续，如节能降耗利润源之于第一利润源，物流金融创新利润源之于第三利润源等，但所有这些研究对吸引企业家的注意力并对此加以关注还是有作用的。

四种利润源中前三种被视为传统利润源，后一种为新利润源。这种划分是以传统利润源已被挖掘殆尽的假设为前提的，其实不然，资源利用率、劳动生产率、物流效率在科技进步的推动和制度改革创新的保障下，是不断提高的，发展无止境，如新能源新材料的涌现、智力劳动者的增加、第三方物流和第四方物流的普及，等等。

四种利润源着重于成本降低的重点，而忽视千方百计堵住跑冒滴漏、全面降低成本的重要性。决定成本降低的因素有很多，每个因素又都是企业降低成本、增加利润的源泉，可能有的数额不大，但积少成多、聚沙为塔。所以企业利润源绝不是只有四种，而是大于四的 N 种。

四种利润源只考虑节流减支，而对创造利润的另一头开源增收没有给予足够的重视，只在第四利润源中提到收益管理技术利润源，分析了高科技企业通过研发生产出新产品，改变产品定价方式来提高企业收入、开辟利润源。利润源既要从总成本这一端去找，还要从总收入那一边去找。

三 企业新利润源思索

四种利润源说对寻找企业利润源的努力是值得肯定的。当今世界，消费者居主导地位，市场供过于求，生产能力相对过剩，企业在转型升级，除战略性新兴企业如互联网企业外，多数企业利润摊薄，保持微利也不容易，企业寻找新利润源，势所必然。国内外讨论的10多种第四利润源，多数可纳入前三种利润源中，以交易成本降低利润源来说，交易活动包括于生产领域和流通领域，与这两个领域相并列的不是什么交易领域，而是再生产领域，新利润源还是应该从这三个领域去找。

寻找新利润源应转变观念，依靠改革创新，不能把传统利润源置于视线之外，传统利润源仍是主要利润源，它通过IT或ICT的应用、与互联网相结合，在挖潜、革新、改造之后增加利润，会形成新的利润源，新与老是相对的概念。新会变老，老也会翻新，犹如传统产业与新兴产业的关系一样，后者不能离开前者而发展，前者在后者的帮助下也会旧貌换新颜。

寻找新利润源要打开思路，跳出成本降低的圈子，放眼于收入增加、收入来源和盈利模式。盈利模式就是怎样赚钱，它是构成企业商务模式（或商业模式）的核心因素之一，它表明企业收入不一定来自直接顾客和主流业务，还可来自企业各利益相关者和非主流业务。我认为构建和创新基于信息化的商务模式，是现代企业确定和实现新利润源的重要途径。

在降低成本方面，有没有新利润源？当然是有的。从国内外对第四利润源的研究看，有一半的新利润源与这样或那样的管理有关，如供应链管理、客户关系管理、知识管理、收益管理，等等，其他各种新利润源，虽然题目没有标明"管理"二字，但内容上也直接或间接地涉及管理。管理存在于和覆盖了生产领域、流通领域、再生产领域，无论是资源成本、人力成本还是物流成本的降低，都有管理的功劳。管理的四化：科学化、民主化、信息化、智能化，极大地提高了管理效率，大幅度降低了管理成本，是企业增加收入、节约开支的决定性因素，也是企业利润的重要源泉。向管理要利润，是天经地义的事情，但把管理及其改革创新视作第四利润源，未免有"削足适履"之嫌。

（2014 年 2 月）

附录一：

按内容排序目录

1. 关于中国模式的思考
2. 改革开放的回顾与见证
3. 加快转变经济发展方式之我见
4. 关于宏观调控的思考
5. 关于人民币国际化问题
6. 中等收入陷阱探秘
7. 关于新型工业化之思考
8. 走新型城镇化之路
9. 上海自由贸易区及其对金融改革开放的影响
10. 美债危机说明什么
11. 我国经济预测发展的回顾与见证
12. 我国数量经济学发展的昨天、今天和明天
13. 全球金融危机对我国数量经济学发展的启示
14. 经济学、管理学和金融学的关系
15. 从经济人到社会人
16. 信息产业与信息经济
17. 信息内容开发与信息内容产业发展的法治与规制问题

18. 论信息化活动的管理
19. 数据管理、信息管理、知识管理以及三者关系
20. 用知识管理提升企业竞争力
21. 三网融合的历史与现实
22. 管理转型与转型管理
23. 云计算与企业管理
24. 大数据与商务模式
25. 企业文化与企业管理
26. 关于企业理论之探讨
27. 企业战略的研究与管理
28. 企业核心竞争力研究与管理
29. 物流与物流管理
30. 物联网产业及其发展
31. 自主创新的研究与管理
32. 自主品牌的研究与管理
33. 企业的社会资本及其重要性
34. 关于企业家创新的思考
35. 企业家领导力及其重要性
36. 怎样看营销的重要性与科技化
37. 关于企业利润源的讨论
38. 企业的社会责任研究
39. 管理研究中的案例研究方法

附录二：

演示稿原样之一选登

企业战略的研究与管理

乌家培

2007年4月18日

附录二：演示稿原样之一选登

企业战略的研究与管理

- 一 企业战略的定义与特点
- 二 企业战略研究的历史发展与各种学派
- 三 企业的信息化战略与国际化战略
- 四 企业战略管理的释义与内容
- 五 关于"蓝海战略"的讨论

一 企业战略的定义与特点

◆（一）企业战略的定义

◆（二）企业战略的特点

（一）企业战略的定义

- ◆ 1.为正确定义企业战略，须了解企业与战略的内涵以及企业战略与企业管理之间的关系。
- ◆ 2.企业作为经济体是国民经济的细胞，它为什么而存在、它为何会有所不同，不同的理解都会影响对企业战略的认识。
- ◆ 3.战略与战术或策略不同，是决定全局的谋略和筹划，原为军事术语，推广应用到企业活动后，对战略从不同角度来认识，就会影响对企业战略的理解。

（一）企业战略的定义（续1）

- ◆ 4.谈企业战略离不开企业管理，前者决定和提升后者，后者包括和渗透于前者，企业战略是企业管理的最重要部分，它也有管理问题。
- ◆ 5.企业战略可定义为：企业根据外部环境和内部资源的变化，动态调整和有效组合，使之相互匹配，以提升企业生存发展能力，特别是竞争能力，确立持续的竞争优势，来实现企业的组织目标和经营目标的全局性考虑和部署，它构成企业管理的最重要要素和特殊部分。

（一）企业战略的定义（续2）

◆ 国外对企业战略的定义有"5P"之说，即从不同角度看战略，而把它说成是 Ploy、Plan、Pattern、Position、Perspective。其中任何一个"p"都可用来定义原词为 **strategy** 的战略。**Ploy** 和 **Plan** 表明战略是一种有意识、有目的的预想性行动。**Pattern** 表明战略是在行动中连续形成的一种模式，它强调的是实现。**Position** 进一步表明战略是由外而内的环境、组织之间的重要中介，在博弈中有可选择性，战略之于组织犹如性格之于个人。**Perspective** 则表明战略是由内而外的组织成员共享的愿景，它是有力量的。从以上五个"P"的联系中来理解企业战略的丰富内涵，会更全面些。

（二）企业战略的特点

◆ 1.企业战略作为一种战略的一般性特点
  ➢ （1）目的性：战略是有目的的行动，任何战略都有其明确的目标。
  ➢ （2）全局性：战略是关系全局和整体的宏观层面的总谋略，并不关注微观的枝节问题。
  ➢ （3）长期性：战略不是短期行为，而要有长期的发展方向。
  ➢ （4）稳定性：战略不能常变，对内外环境应有稳定的适应性。

（二）企业战略的特点（续1）

> （5）动态性：战略不是静态的，它不能常变，但要随客观环境和主观力量的变更而变更，作必要的动态调整，以保持战略的适应性和创造性。
>
> （6）竞争性：战略产生于双人博弈和多人博弈，有竞争有合作，但合作也是为了竞争。
>
> （7）保密性：战略可以公开，但战略意图和关键内容需要保密，不能泄露给竞争对手。

（二）企业战略的特点（续2）

◆ 2.企业战略相对于国家战略而言的非一般性特点

> （1）赢利性：企业是赢利组织，企业战略要为赢利服务。
>
> （2）多样性：企业战略多种多样，不一而足，远比国家战略更加多样化。
>
> （3）非体系性：如果说国家战略是有体系的，那么企业战略并不追求体系的完整性，它在多数企业中往往是单项的。

二 企业战略研究的历史发展与各种学派

- ◆ （一）企业战略研究的四个发展阶段

- ◆ （二）企业战略研究的十二个学派

（一）企业战略研究的四个发展阶段

- ◆ 1. 早期初始研究

- ◆ 2. 传统一般理论研究

- ◆ 3. 现代竞争理论研究

- ◆ 4. 当代动态理论研究

（一）企业战略研究的四个发展阶段(续1)

◆1. 早期初始研究

> 20世纪60年代初期以前，可追溯到1916年法约尔的管理研究，他提出计划是管理的首要职能。随后有1938年巴纳德的职能研究，他首次提出企业经营战略研究。至1962年钱德纳提出结构研究，把环境、战略、结构联系在一起，为企业战略研究开辟了道路。20世纪60年代初，安德鲁斯提出社会责任、市场机会、企业实力、个人价值观的战略四要素说，创立了SWOT战略分析框架，为企业战略研究奠定了基础。

（一）企业战略研究的四个发展阶段(续2)

◆2. 传统一般理论研究

> 从20世纪60年代中期到70年代末，主要代表人物是安索夫，他的著作有《公司战略》（1965）、《从战略计划到战略管理》（1975）、《战略管理》（1979）。他强调协同效应和竞争优势，要求战略同组织与环境相匹配，发展了战略管理理论。在同一时期，还有其他学者的关于战略制定、战略规划与政策等实际应用研究。

（一）企业战略研究的四个发展阶段(续3)

◆3. 现代竞争理论研究

➢ 从20世纪80年代至90年代，首先由波特在安德鲁斯、安索夫的企业竞争战略研究的基础上，结合竞争战略和产业组织的研究，统一战略制定和战略实施两个过程，创立企业战略的五力"钻石"模型，提出赢得竞争优势的总成本领先等三种战略。其后，另外有一些学者认为企业战略不在于产品竞争，而在于能力竞争，包括核心能力或整体能力的竞争，以维持持续的竞争优势。还有一些学者则认为企业竞争战略植根于企业独特的战略资源的培育、配置、运用以及这些方面的能力。它们构成竞争优势的源泉。

（一）企业战略研究的四个发展阶段(续4)

◆4. 当代动态理论研究

➢ 进入21世纪后，由于全球化竞争的兴起和加剧，出现了基于创新的动态研究，要求能力再造，强调快速反应，把战略和竞争的研究置于战略互动、竞争变化的动态发展的基础之上，认为任何竞争优势都不是不可打破的，应把企业战略作为过程来研究，须建立富有弹性的战略管理系统。

（二）企业战略研究的12个学派

- ◆ 1. 设计学派
- ◆ 2. 计划学派
- ◆ 3. 定位学派
- ◆ 4. 创意学派或企业家学派
- ◆ 5. 认知学派或认识学派
- ◆ 6. 学习学派
- ◆ 7. 权力学派
- ◆ 8. 文化学派
- ◆ 9. 环境学派
- ◆ 10. 结构学派
- ◆ 11. 资源学派
- ◆ 12. 能力学派

（二）企业战略研究的12个学派(续1)

- ◆ 1.设计学派：认为战略有形成过程，并把该过程视为概念形成的过程，战略的制定与实施这两个过程是分离的，企业主要领导人是战略设计者，有SWOT分析框架，以安德鲁斯、钱德纳为主要代表，影响较大的著作有《公司战略概念》（1972）、《战略与结构》（1962）、《经营中的领导能力》（1957）。
- ◆ 2.计划学派：认为战略是规划或计划，须深思熟虑，应使内部变化与外部环境相适应，适用于稳定的环境和大型正规企业，以安索夫为代表，其主要著作有《公司战略》（1965）。
- ◆ 3.定位学派：把战略形成视为分析过程，关注企业在行业内的结构分析和相对地位分析，重视数据计算，重视竞争优势，有五力模型和三种战略，以波特为代表，其主要著作有《竞争战略》（1980）、《竞争优势》（1985）、《国家竞争优势》（1990）。

（二）企业战略研究的12个学派(续2)

- ◆ 4.创意学派或企业家学派：把战略形成视为预测过程，强调经理人的独特远见、直觉思维、灵感和想象，适用于创新型和有进取心的企业，以德鲁克等人为主要代表。
- ◆ 5.认知学派或认识学派：把战略形成看作心理过程或认识的基本过程，重视处理信息、获得认识建立概念的认知过程，适用于现有战略的再造时期，以西蒙的《管理行为》和《组织理论》等著作为代表。
- ◆ 6.学习学派：视战略形成为应变过程，认为战略是独特的模式，强调渐进演化和组织学习，关注自然形成，适用于专业性企业，以彼得·圣吉的《第五次修炼》和野中郁次郎的《知识创造企业》为代表。

（二）企业战略研究的12个学派(续3)

- ◆ 7.权力学派：把战略形成视为协商过程，需运用手腕、施展计谋，关注权力作用和利益关系，适用于大型成熟的企业及其所处的重大变化时期。代表人物有普费弗、阿里森、萨兰西克等人，有影响的著作为《组织的外部控制》（1978）。
- ◆ 8.文化学派：认为战略是独特的集体观念、形成集体思维的过程，适用于特定的、有文化的企业或老牌企业，以莱恩曼、诺曼等人为代表，有影响的著作为《长远规划的组织理论》（1973）、《管理中成长》（1977）。
- ◆ 9.环境学派：视战略为反应的过程，对外部环境的被动反应，认为环境和社会生态在战略中有特殊地位，十分关注环境因素，适用于成熟的企业。代表人物有汉能、弗里曼等人，有影响的著作为《组织的种群生态学》（1977）、《组织的生态学》（1989）。

(二)企业战略研究的12个学派(续4)

◆ 10.结构学派：把战略形成视为变革的过程，认为企业组织是一种结构，战略制定是一种整合，重视结构与转变，强调归纳与综合，集以上9种学派之大成，主要代表人物为明茨伯格、钱德纳、米勒、米尔斯、斯诺等学者，有影响的著作为《战略与结构》（1962）、《组织策略、结构和过程》（1978）。

◆ 11.资源学派：认为战略的基础是作为独特的资源结合体的企业，最大限度地培育发展独特的战略资源，是企业保持持续竞争优势的有效手段。沃纳菲尔特的《企业资源学说》（1984）是有代表性的著作。

◆ 12.能力学派：从企业生产经营过程中特有的能力出发来制定和实施企业竞争战略，以赢得持续的竞争优势，有核心能力观与整体能力观之分，核心能力须靠积累性学识，整体能力则要靠协调整合，普拉哈拉德、哈默尔的《企业核心能力》（1990）、《竞争未来》（1994）是有影响的代表作。

(二)企业战略研究的12个学派(续5)

◆ 以上1~3三个学派偏重于战略的明确表述，可合称为说明性学派，有过程分离、少数主角、理性、利益一致、简单环境五个假设。4~9六个学派偏重于对战略形成的理解，它们改变了说明性学派中一个或几个假设而展开描述，可合称为描述性学派。第10个结构学派集成了1~9九个学派的部分内容，可称之为综合性学派，适用于没有任何特色的一般性企业。最后的11和12两个学派，与前十个学派不同，不是偏重于由外而内的环境为主导的被动适应的企业战略，而是由内而外的异质的企业追求卓越积极影响环境使竞争优势可持续的企业战略。

（二）企业战略研究的12个学派(续6)

◆ 对众多学派的了解有助于把握企业战略的内容。若不细分为12个学派，亦可划分为4个主要学派，即以安索夫为代表的环境战略学派，以德鲁克为代表的目标战略学派，以波特为代表的竞争战略学派，以普拉哈拉德为代表的核心战略学派。

三　企业的信息化战略与国际化战略

◆ （一）企业战略的分类

◆ （二）企业的信息化战略

◆ （三）企业的国际化战略

(一)企业战略的分类

◆ 企业战略有总体战略、局部战略,以及介于两者之间的综合战略。总体战略关系企业整体的长足发展,局部战略可以是前者的子战略,也可以是独立存在的,但对企业全局有重大影响,包括单项战略(如产品战略、品牌战略等)、流程战略(如研发战略、营销战略等)、职能战略(如人才战略、财务战略等)。综合战略涉及企业某一方面的发展且与企业各个部分和总体相关联,如在全球信息化和经济全球化条件下盛行的信息化战略与国际化战略。

(二)企业的信息化战略

◆ 1.2006年初,我国发布了《2006～2020年国家信息化发展战略》,这为广大企业制订和实施信息化战略树立了典范。

◆ 2.不同的企业应根据各自的独特情况,在国内外信息化加快发展的形势下,决定繁简不一的信息化战略,不必贪大求全,可用国家信息化发展战略作依据,但不宜机械地仿照。

（二）企业的信息化战略（续1）

◆3.企业信息化战略要把信息技术、信息资源，以及这两者的结合，如互联网、电子商务等，战术性地应用于企业业务和企业管理的个别环节，以提高它们的效率，更重要的是在企业经营管理的思维和模式方面作战略性应用，提升企业的效能，特别是动态核心能力，以赢得持续的竞争优势。

（二）企业的信息化战略（续2）

◆4.制订和实施企业信息化战略，不应随大流、跟着走，而必须独创地率先行动，占领"制高点"，从根本上变革传统的业务范式和管理范式，如航空业中计算机订票系统的建立与使用、银行业中自动存取款机的设立与使用等。

（三）企业的国际化战略

- ◆ 1.跨国公司是经济全球化的载体，它既是经济全球化的主要表现，又是经济全球化的重要原因。每个跨国公司都有自己的全球战略，如麦当劳等。我国企业在开放的条件下，跨国经营在增强，但有综合竞争力的跨国公司还不多。
- ◆ 2.为在"引进来"的同时"走出去"，我国推进国际化战略的企业日益增多。以国内著名的海尔、TCL、格兰仕三个家电企业的国际化战略作为案例，来说明每个企业各有其独特的战略，如海尔的分步渐进战略，TCL的购并扩张战略，格兰仕的贴牌生产战略。

（三）企业的国际化战略（续1）

- ◆ 3.从上述三家企业三个战略的比较中可以看出，尽管路径各异，但是目标相同，即均想使自己成为国际著名企业，在做法上都抓产品的质量和品牌（打自己的品牌或用别人的品牌），都抓优质服务。他们的战略，都注重多元化和本土化。
- ◆ 4.尽管以上三个企业的国际化战略是成功的，但还或多或少地存在一些不足，如国际经营管理人才不足，国际经营产销渠道不多，研发投入不够，通过文化融合产生企业凝聚力不显著，在核心技术自主品牌和本企业知识产权的创建方面尚需不懈努力。

四、企业战略管理的释义与内容

◆ 1. 对企业战略管理有不同的释义。如把企业战略管理理解为企业的战略管理,那就意味着用战略来管理企业,使企业战略管理成为企业战略的同义词。如把企业战略管理理解为企业战略的管理,那就成了对企业战略的管理,使企业战略管理有别于企业战略本身。

四、企业战略管理的释义与内容(续1)

◆ 2. 企业战略管理的内容包括四个部分:
  ➢ (1) 战略分析:即环境分析,包括企业外部即环境分析和企业内部要素的分析,要分析要素与环境的不适应,以及两者相适应的可能性。
  ➢ (2) 战略制定:包括战略目标的确定,以及战略方针和原则、战略内容和重点、战略措施和计划等一系列安排或部署。
  ➢ (3) 战略实施:即战略行动,对实施过程要进行监督检查。
  ➢ (4) 战略评价:对战略实施的效果与影响进行评价,包括企业绩效评价但并非一般的绩效评价。
◆ 以上四方面内容是顺序的四个阶段,须反复迭代,根据反馈情况进行修改。由此可见,战略管理类似于规划或计划,但不宜拘泥于形式,一切以最大限度地实现战略目标为中心。

四 企业战略管理的释义与内容(续2)

◆3.战略管理与信息管理的交叉结合,产生战略信息管理。从信息管理来看,战略信息管理是信息管理的一个重要发展阶段。从战略管理来看,信息的收集和分析在战略管理中处于非常重要的地位。

五 关于"蓝海战略"的讨论

◆1."蓝海战略"出自同名的一本畅销书,是经过媒体传播和渲染,自2005年以来在企业界流行的一个新概念,它相对于"红海战略"而言,不是靠同质产品的低价竞争因"价格战"而血溅商海使之变成"红海",相反的,它是依靠异质产品赢得垄断地位而出现一片"蓝海",被认为是有特色的创新战略。

五 关于"蓝海战略"的讨论(续1)

◆2.我国企业管理学界就"蓝海战略"为什么这样盛行,"蓝海战略"的本质和在战略管理中的地位及其可操作性,对"蓝海战略"的评价等问题,进行过广泛的讨论,意见纷繁,有肯定的,如把它视作一种管理时尚,也有否定的,如称之为"新瓶装旧酒",没有什么新内容。

五 关于"蓝海战略"的讨论(续2)

◆3.不论"蓝海战略"在学术上是否有价值,在实践中是否行得通,它作为试图另辟蹊径的创新型战略思维还是有启迪作用并可以借鉴的。至于企业如何运用,则不能一概而论。

Thank you!

VISION

主要著、译目录

1. 《乌家培文库》，中国计划出版社，2010。
第一册《经济数学方法研究》(1959~1977)
第二册《经济数量分析概论》(1978~1981)
第三册《数量经济学若干问题》(1982~1983)
第四册《经济及其研究的数量化与信息化》(1984~1986)
第五册《经济信息与信息经济》(1987~1991)
第六册《经济、信息、信息化》(1992~1995)
第七册《信息经济与知识经济》(1996~1998)
第八册《信息社会与网络经济》(1999~2001)
第九册《信息经济学与信息管理》(2002~2003)
第十册《与时俱进的经济学与管理学》(2004~2008)

2. 《乌家培选集》，山西人民出版社，1987。

3. 《乌家培序集》，社会科学文献出版社，2011。

4. *Economy and Information – Selected Works of Wu Jiapei*, Scientific and Technical Documents Publishing House, 1994.

5. 乌家培主编《经济大辞典（数量经济学卷）》，上海辞书出版社，1990。

6. 乌家培主编《宏观经济控制论》，辽宁人民出版社，1990。

7. 乌家培主编《中国宏观经济分析导论》，中国计划出版社，1993。

8. 乌家培主编《新兴的经济信息系统建设》，中国计划出版社，1993。

9. 乌家培、谢康、王明明编著《信息经济学》，高等教育出版社，2002。

10. 乌家培、谢康、肖静华编著《信息经济学》（第二版），高等教育出版社，2007。

11. 乌家培、张守一译《经济数学方法和模型》（苏联 B. C. 涅姆钦诺夫院士著，原文为俄文），商务印书馆，1980 年初版，1981 年再版。

12. 乌家培等译《发展计划指南》（美国林武郎著，原文为英文），中国社会科学出版社，1989。

图书在版编目(CIP)数据

乌家培报告集/乌家培著.—北京:社会科学文献出版社,2014.7
　ISBN 978-7-5097-6083-3

　Ⅰ.①乌… Ⅱ.①乌… Ⅲ.①经济学-文集 Ⅳ.①F0-53

中国版本图书馆CIP数据核字(2014)第114026号

乌家培报告集

著　　者 / 乌家培

出 版 人 / 谢寿光
出 版 者 / 社会科学文献出版社
地　　址 / 北京市西城区北三环中路甲29号院3号楼华龙大厦
邮政编码 / 100029

责任部门 / 经济与管理出版中心　　　责任编辑 / 高　雁　黄　利
　　　　　(010)59367226　　　　　　责任校对 / 师敏革
电子信箱 / caijingbu@ssap.cn　　　　责任印制 / 岳　阳
项目统筹 / 周　丽　高　雁
经　　销 / 社会科学文献出版社市场营销中心 (010)59367081　59367089
读者服务 / 读者服务中心 (010)59367028

印　装 / 三河市尚艺印装有限公司
开　本 / 787mm×1092mm　1/20　　　印　张 / 12.8
版　次 / 2014年7月第1版　　　　　　字　数 / 220千字
印　次 / 2014年7月第1次印刷
书　号 / ISBN 978-7-5097-6083-3
定　价 / 49.00元

本书如有破损、缺页、装订错误,请与本社读者服务中心联系更换
▲ 版权所有 翻印必究